그래도 여전히 인문학 인간

그래도
여전히
인문학
인간

남승현
에세이

차례

들어가며 —— 9

1장 "인간이 아무리 이기적인 존재라 하더라도, 그 천성에는 분명히 이와 상반되는 몇 가지가 존재한다."
- 애덤 스미스, 『도덕감정론』 —— 15

2장 "지식의 특성은 얼마나 기이한가! 한번 지식에 마음이 사로잡히자, 지식은 마치 바위에 낀 이끼처럼 마음에 딱 달라붙었어."
- 메리 셸리, 『프랑켄슈타인』 —— 27

3장 "우리 생활은 마치 시계추처럼 괴로움과 권태 사이를 오가고 있다."
- 아르투어 쇼펜하우어, 『쇼펜하우어 철학적 인생론』 —— 39

4장 "그리하여 우리는 조류를 거스르는 배처럼 끊임없이 과거로 떠밀려 가면서도 앞으로, 앞으로 계속 나아가는 것이다."
– F. 스콧 피츠제럴드, 『위대한 개츠비』 —— 49

5장 "그게 쉬운 일이었다면 그 속에서 아무런 즐거움도 얻을 수 없었을 것이다."
– 빈센트 반 고흐, 『반 고흐, 영혼의 편지』 —— 59

6장 "무사태평해 보이는 이들도 마음속 깊은 곳을 두드려보면 어딘가 슬픈 소리가 난다."
– 나쓰메 소세키, 『나는 고양이로소이다』 —— 69

7장 "죽는 것은 이미 정해진 일이기에 명랑하게 살아라."
– 프리드리히 니체, 『권력에의 의지』 —— 79

8장 "인간은 죽을지는 몰라도 패배할 수는 없으니까."
– 어니스트 헤밍웨이, 『노인과 바다』 —— 89

9장 "자유가 무엇인가를 뜻한다면, 사람들이 듣기 싫어하는 것을 말할 수 있는 권리이다."
- 조지 오웰, 『1984』 비공식 서문 —— 99

10장 "'샤덴프로이데', 즉 남의 불행을 기뻐하는 마음이죠."
- 움베르토 에코, 『제0호』 —— 109

11장 "사막이 아름다운 건 어딘가에 우물이 숨어 있기 때문이야."
- 앙투안 드 생텍쥐페리, 『어린 왕자』 —— 119

12장 "인간은 간혹 충족할 수 있을지 없을지 모르는 욕망을 위해 일생을 바쳐버리기도 한다."
- 아쿠타가와 류노스케, 『라쇼몬』 —— 129

13장 "소선小善은 대악大惡과 닮아 있고, 대선大善은 비정非情과 닮아 있다."
- 이나모리 가즈오, 전 JAL 회장 —— 141

14장 "서로 사랑하고 그 사람의 감정을 기억할 수 있는 한, 우리는 우리를 기억하는 사람들의 마음속에 잊히지 않고 죽을 수 있네."

– 미치 앨봄, 『모리와 함께한 화요일』 —— 151

15장 "저기, 원장님, 조금만 더 주세요."

– 찰스 디킨스, 『올리버 트위스트』 —— 161

마치며 —— 171

미주 —— 175

들어가며

"나는 왜 이렇게 좋은 책을 쓰는가."

– 프리드리히 니체, 『이 사람을 보라』[1]

명문대에 갓 입학한 스무 살의 내가 가장 많이 한 생각은 죽음이었다. 대학 생활은 생각했던 것과 달랐다. 대학에서 처음 본 사람들은 고등학교 시절 친구들과는 다른 느낌이었다. 서로가 같은 목표를 공유하고 있지 않았고, 득과 실을 냉정하게 따지는 인간관계가 난무했다. 학생들에게 공통적으로 적용되는 지침도 없었기에 모든 일을 내가 자율적으로 해결해야 했다. 지금 와서 생각해보면 당연한 일이지만 갓 성인이 된 스무 살의 내향적인 대학생에게 캠퍼스란 꽤나 두려운 곳이었다. 왕복 세 시간 반의 통학도 생각보다 체력적으로 꽤 부담이 되었다. 밥을 먹고 지하철을 타면 항상 집에 도착해 먹은 걸 다 게워내곤 했다. 그렇게 통학 두 달 만에 10킬로그램이 빠졌다.

설상가상으로 건강까지 급속히 악화되었다. 병원에 가서 검사를 해보니 갑상샘항진증이라는 병을 진단받았다. 갑상샘항진증으로 인해 몸과 정신은 피폐해져 갔다. 갑상선 호르몬의 이상으로 근육도 약해지고 체력도 떨어지다 보니 외출에 대한 두려움이 생겼다. '오늘도 다리가 아파서 주저앉으면 어떡하지?', '길을 걷다가 어지럼증 때문에 쓰러지면 어떡하지?'와 같은 걱정들이 꼬리에 꼬리를 물며 이어지기 시작했고, 그냥 평생 집에 틀어박혀 지내고 싶다는 생각이 들었다. 다리근육에 이상이 생겨 길을 걷다 주저앉기도 했다. 이런 몸으로 왕복 세 시간 반의 통학을 견뎌야 했다. 모든 걸 포기하고 싶었다. 힘든 것보다 내일에 대한 기대가 전혀 생기지 않는 게 두려웠다. 더 이상 살고 싶지 않았다.

하루는 광화문역 근처에서 버스를 기다리는데 거친 비가 쏟아졌다. 우산이 없던 나는 비를 오는 대로 맞으며 줄을 서 있어야 했다. 전날 제대로 잠을 자지 못해 온몸이 피곤했던 나에게 그야말로 최악의 상황이었다. 그대로 차도로 달려나가 목숨을 끊고 싶었다. 마지막 순간까지도 이기적으로 세상을 떠나려는 내가 정말 미워지는 순간이었다. 그때였다. 내 앞에 서 있던 한 여자분이 뒤를 돌아보더니 활짝 웃으며 내게 우산을 씌워주었다. 짧은 시간이었지만 버스가 올 때까지 그분과 우산을 함께 쓸 수 있었다. 우린 서로 아무 말도 하지 않았다. "감사합니다"라는 내 인사가 대화의 전부였지만, 그때 보았던 미소는 구원 그 자체였다. 그건 마치 부처님의 인자한 미소와도 같았다. 나를 동정하고 가엾게 여기는 미소가 아니라 타인에 대한 진실된 미소였다. 그날 내 마음속에 무언가가 강렬히 꿈틀거렸다. 산다는 건 무엇인가, 나는 왜 태어난 것인가, 앞으로 무엇을 해야 할 것인가……. 그리고 결심했다. 비 내리는 광화문역에서 내가 받았던 미소를 사람들에게 나누어 주겠다고. 삶의 벼랑에서 나를 붙들어준 그 미소를 나만 가지고 있고 싶지 않았다.

하지만 막상 내가 할 수 있는 일은 많지 않았다. 나는 뛰어난 의술을 가진 의사도 아니었으며 돈 버는 재주가 있는 사업가도 아니었다. 내가 할 수 있는 일은 단 하나, 글쓰기뿐이었다. 다행히도 내 전공은 영문학, 인문학이었다. 나는 수백 권의 책을 탐독하고 수백 명의 사람들을 만나며 나만의 글을 써 내려갔다. 언젠가 이 글들이 지옥에 빠져 있는 사람들의 마음을 구원할 것이라는 믿음을 가지고서. 좋은 글을 쓰기 위해 수천 년 전에 살았던 사람의 지혜를 빌렸다. 편협한 글을 피하기 위해 각계각층의 사람들을 만났다. 작가, 의사, 변호사, 교사, 교수, 사업가, 감독, 배우……. 이외에도 내 사고의 틀을 방대하게 넓혀줄 다양한 사람들과 이야기를 나누었다. 그리고 수십 편의 짧고 긴 글들을 완성했다. 단순히 행복하게 사는 법이나 옛 철학자들의 이야기를 나열하는 글은 아니다. 그저 좋은 말들로 위로하는 그런 글도 아니다. 자기계발서처럼 성공을 위한 진리와 법칙에 대해서도 이야기하지 않을 것이다. 나의 글들이 독자들의 사고방식에 긍정적인 전환을 가져다줄 수 있다면 좋겠다.

본격적으로 이야기를 시작하기 전에 꼭 당부하고 싶은 게 한 가지 있다. 이 책에는 내 개인적인 이야기뿐만 아니라 세계적인 석학들이나 철학자들의 이야기가 나온다. 그들의 글이나 말의 일부를 가지고 와 내가 느끼고 경험해온 것들에 대해 이야기할 것이다. 당신의 심금을 울리는 문장이 있다면(모든 문장이 그러기를 진심으로 바란다), 그 문장이 담긴 책을 직접 읽어보기를 바란다. 물론 이 책에 등장하는 작품들을 전부 읽어볼 필요는 없다. 책에 등장하는 이야기는 내 삶에 뼈와 살이 되어주었고 지금의 나를 만드는 데 큰 도움을 준 건 사실이다. 하지만 그들의 지혜가 나에게 준 영향이 모두에게 똑같이 적용되지 않을 수 있다. 이 책은 어디까지나 인생의 참고서일 뿐 지침서는 아니다. 내가 옳다고 생각하는 것, 내게 도움이 되었던 것들이 독자들의 인생에는 다르게 적용될 수 있다. 그러니 이 책을 읽어나가는 데 큰 부담을 가지지 않으면 좋겠다. 자신에게 도움이 될 것 같은 이야기가 있다면 조금 더 집중해서 읽고, 별로인 이야기는 그냥 넘겨도 좋다. 앞의 내용을 알아야만 뒤의 내용을 이해할 수 있는 소설이 아니니까. 나 또한 책을 읽을 때 모든 내용에 감정을 이입하며 읽지는 않는다.

〈들어가며〉의 제목을 보고 여기까지 읽은 독자들이라면 이런 생각을 할 것이다. '그래서 도대체 얼마나 대단한 글을 쓴 건데?' 확실히 오해의 소지가 있는 제목이다. 나는 위대한 철학자도, 대단한 작가도 아니다. 자기계발서를 쓸 만큼 사회적 성공을 이룬 인물도 아니다. 그저 위대한 철학자들, 작가들에게 책을 통해 '비대면' 교육을 받은 평범한 사람이다. 지금부터 할 이야기는 스무 살의 한 청년이 인문학의 힘을 빌려 살아갈 용기를 얻은 이야기이다.

1장

"인간이 아무리 이기적利己的: selfish인 존재라 하더라도, 그 천성天性: principles에는 분명히 이와 상반되는 몇 가지가 존재한다."

– 애덤 스미스, 『도덕감정론』[2]

대학에서 만난 K형은 나보다 두 살 위로, 훈훈한 외모에 키도 크고 집안까지 좋은 사람이다. 소위 금수저라 불리는 계층까지는 아니지만 법조계 집안의 장남으로 남부러울 것 없이 잘 큰 사람이었다. 같이 밥을 먹을 때면, 후배한테 밥을 얻어먹을 수는 없다며 나에게 계산할 기회를 한 번도 주지 않은 형이었다. 하루는 K형과 한국의 남녀문제에 대해 이야기한 적이 있었다. 혐오와 갈등이 앞으로의 취업시장 그리고 연애시장에 어떤 영향을 끼칠지 이야기를 나누었다. 당시 나는 시사 이슈에 굉장히 관심이 많아 토론 동아리를 운영하기도 했었다. K형이 어떤 생각을 가지고 있는지 정말 궁금했지만, 놀랍게도 K형은 남녀 문제에 대해 그 어떤 의견도 가지고 있지 않았다. 아무 정보도 없는, 그야말로 무지한 상태였다. "나는 잘 모르겠다. 난 딱히 피해 본 건 없으니 그냥 다들 안 싸우고 서로 배려하면서 살면 좋겠다"라는 게 K형의 생각이었다. 교과서에 나올 법한 말을 듣고서 나는 꽤나 큰 충격에 빠졌다. 다양한 사회문제를 공부하는 사회학과 재학생의 대답치곤 상당히 부실하다고 생각했다. 혹시 K형의 생각이 기득권층의 생각과 일맥상통하는 건 아닌지 두려운 마음이 들기도 했다. 시민들의 공감대와는 동떨어진 기득권층의 스탠스를 눈앞에서 목격한 건 아닌가 싶었다.

영국의 철학자이자 경제학자 애덤 스미스는 인간의 이기심과 공감을 다룬 『국부론』과 『도덕감정론』을 1700년대에 집필했다. 두 책은 인간의 본능은 이기심이며 이를 동력으로 살아가는 것은 아무런 문제가 없다고 주장한다. 물론 여기에서 말하는 이기심은 타인을 기만하고 사기를 통해 이득을 얻는 행위는 아니다. 타인에게 피해를 주지 않는 선에서 행하는 최선의 이기심을 의미한다. 스미스의 입장에서 빵을 만드는 사람은 이타심으로 빵을 만들 필요가 없다. 돈을 벌기 위해 빵을 만들면 그만이다. 빵을 사는 손님은 감사함을 느낄 필요 없이 빵에 대한 적절한 값만 제대로 지불하면 된다. 제빵사가 실력을 잘 살려 맛있는 빵을 만들어내면 사람들은 각자의 취향과 기호에 맞게 빵을 사 간다. 제빵사는 돈을 벌고 고객은 맛있는 빵을 얻는다. 물론 제빵사는 원가 절감을 위해 상한 재료를 몰래 사용해서는 안 된다. 또 손님은 빵을 도둑질하거나 먹던 빵을 환불해달라고 진상을 부려서는 안 된다. 제빵사가 상한 재료를 사용하지 않는 것과 손님이 빵을 도둑질하지 않는 일은 공감을 바탕으로 한 도덕적 판단에 기초해 이루어진 행위이다. 제빵사 본인도 상한 음식을 먹고 싶지 않기에 손님들에게 신선한 음식을 제공한다. 빵을 사러 온 손님들도 누군가 자신의 물건을 훔치면 고통을 느끼기에 정당한 가격을 지불하고 빵을 사 간다. 정의를 실현하고 사회질서를 유지하는 것이 모두에게 좋다는 것에 제빵사와 손님은 공감할 것이다. 그러나 제빵사와 손님 모두 이 이상으로 서로를 배려하거나 신경 쓸 필요는 없다. 손님과 제빵사는 각자의 이기심대로 행동하지만 이들의 이기심은 지역경제를 활성화하고 시장 질서를 유지한다. 이렇게 보면 인간의 이기심과 공감능력은 서로 상반되지 않는다. 타인에 대한 깊은 공감을 바탕으로 충분히 이기적인 인간이 될 수 있다.

중요한 건 개인의 이기심은 독자적인 것이 아닌, 사회와 연결된 마음이라는 것이다. 스미스가 살던 18세기의 개인과 21세기를 살아가는 개인은 다르다. 현대의 개인은 훨씬 더 강력한 존재다. 300년 전에 살던 개인은 현대의 개인만큼의 사유능력을 보여주지 못했다. 개인의 힘이 강력해진 지금, 우리는 크고 작은 힘을 발휘해 사회에 영향을 미친다. 스마트폰을 통해 웹사이트에 남긴 글은 몇 초 만에 수만 명의 사람들에게 도달하기도 한다. 그렇다, 우리의 이기심에는 언제나 사회적 책임이 따라붙는다. 우린 과거에 비해 훨씬 복잡한 세상을 살아간다. 과거의 사람들에 비해 더욱 까다로운 사회적 책임을 요구받는다. K형처럼 타인에게 직접적으로 피해를 주지 않고 모든 사회문제에 무관심한 채 살아간다면 개인으로서는 행복할 수 있지만, 공감과 사회적 책임이 결여된 이기심은 언젠가 비수가 되어 돌아올지도 모른다. 건강한 사회 속에 건강한 개인이 존재할 수 있기 때문이다. 그렇다고 해서 모든 사람이 비영리 환경단체를 만들 수는 없다. 생계를 내팽개치고 인권운동가, 환경운동가가 되는 일도 쉽지 않다. 그러나 사실 이기심과 공감, 사회적 책임을 모두 실현할 수 있는 방법은 간단하다. 내가 할 수 있는 이기적인 선택들 가운데 사회적 효용이 높은 선택을 내리면 된다.

나의 경우 가장 큰 사회적 효용을 가져온 선택은 독서 인스타그램이다. 책을 소개하는 북스타그램(책과 인스타그램을 합친 말)을 운영하는 나는 인정욕구가 매우 큰 편이다. 많은 사람들에게 영향력을 미치는 인플루언서가 되고 싶었다. 그래서 내 전공과 취미와 관련이 깊은 독서를 테마로 인스타그램 계정을 만들었다. 약 1년 반 동안 운영해오며 현재 4만 명의 팔로워를 보유하고 있다. 물론 세상에는 나를 뛰어넘는 훌륭한 크리에이터들이 넘쳐난다. 하지만 인정욕구를 채우기 위해 시작한 계정이 4만 명의 팔로워를 가지게 된 건 내 입장에서는 엄청난 성공이었다. 나아가 나는 단순히 책과 관련한 정보를 제공하는 크리에이터에서 멈추고 싶지 않았다. 여러 사람들 앞에서 내 의견을 얘기하고 더 많은 인정을 얻고 싶었다. 그래서 2024년 여름을 시작으로 독서모임을 열어 지금까지 꾸준히 진행해오고 있다. 인정욕을 채우기 아주 좋은, 이기적인 선택이었다.

독서모임을 여는 일은 공감, 사회적 책임과도 깊이 연관되어 있다. 모임에 오는 사람들은 책을 좋아하는 사람들과 연결되고 싶어 한다. 나는 그들이 연결

되도록 도와주고 책에 대한 이야기를 나누는 장을 만든다. 모임원들은 독서모임에 무언가를 기여하기 위해 참여하지 않는다. 편하게 독서를 할 수 있는 장소를 즐기기 위해, 책을 좋아하는 사람들을 만나기 위해 모일 뿐이다. 이는 철저히 이기심의 영역이다. 하지만 모임을 진행하면 그들의 공감능력이 저절로 발휘되기 시작한다. 타인의 이야기를 듣고 자신의 경험을 나누며 사람들은 서로 연결된다. 책을 읽고 느낀 감정들을 공유하며 서로에게 나와 비슷한 사람들이 있다는 만족을 준다.

다시 한번 강조하지만, 나는 재능 기부를 위한 목적으로 독서모임을 열지 않았다. 순전히 이기적인 욕심으로 시작했다. 마치 돈을 벌고 싶어 요리를 시작한 셰프가 결과적으로 수많은 미식가들을 만족시킨 것과도 같다. 인정받고 싶다는 이기적인 욕망과 타인에 대한 공감이 성공적으로 조화를 이루었지만, 여기서 멈추고 싶지 않았다. 독서모임 이후에 내가 선택한 건 독서 컨설팅이었다. 독서 컨설팅은 말 그대로 독서를 제대로 하고 싶은 사람들을 위한 컨설팅 프로그램이다. 내 작은 영향력을 통해 사람들이 독서를 쉽게 포기하지 않는 사회, 독서의 즐거움을 누리는 사회를 만들고 싶었다. 독서에 대한 내 가치관과 생각을 최대한 널리 알리고 싶었다는 점에서 지극히 개인적이고 이기적인 선택이기도 하다. 팔로워들을 대상으로 진행한 독서 컨설팅은 현재 순항 중에 있다. 온라인으로는 전달하기 어려운 인사이트를 오프라인을 통해 전달하니 훨씬 소통이 잘되었다. 컨설팅 이후에 독서에 대한 관점이 많이 변했다는 긍정적인 답변을 받기도 했다. 자신이 좋아하는 책을 찾지 못해 독서를 포기하려던 사람, 베스트셀러만 읽다가 책에 싫증이 난 사람 등등 세상에 독서를 잘하고 싶지만 어떻게 해야 할지 모르는 사람들이 정말 많다. 이 기심으로 시작한 내 컨설팅은 어느새 많은 사람들의 공감을 사고 있었다.

 K 형이 잘못되었다고 말할 생각은 전혀 없다. 그는 나에게 여전히 좋은 선배이자 따뜻한 형이다. 대학

생활의 일부를 후배를 위해서 내어주는 것 또한 선배로서의 책임을 다하는 일이다. 그런 한편 K형의 마인드셋을 가진 사람들이 사회에 많다는 것을 부정할 수는 없다. 나 또한 타인에 대한 공감, 사회적 책임은 잊어버리고 살고 싶을 때가 있다. 그럴 때마다 내가 만든 독서모임이 얼마나 많은 사람들에게 선한 파급력을 미쳤는지 생각한다. 미미하더라도 사회적 책임을 다하며 개인의 이기심을 수행하는 게 얼마나 멋지고 짜릿한 일인지 상기한다. 최선의 이기심을 가지고 각자의 삶에 열중할 때, 우리는 비로소 웃으면서 서로를 마주하게 된다는 걸 잊지 않으려 한다.

2장

"지식의 특성은 얼마나 기이한가!

한번 지식에 마음이 사로잡히자, 지식은 마치

바위에 낀 이끼처럼 마음에 딱 달라붙었어."

— 메리 셸리, 『프랑켄슈타인』[3]

프랑켄슈타인은 인조인간을 만들어낸 과학자의 이름이다. 그가 만든 인조인간과 그 자신은 수많은 지식을 가지고 있었음에도 지혜로운 존재는 아니었다. 누구보다 풍부한 지식을 갖추었지만, 세상과 화합해 살아가는 지혜를 얻지는 못했다.『프랑켄슈타인』의 저자 메리 셸리는 지식을 얻는다는 건 사람의 목숨을 빼앗는 것만큼이나 위험할 수 있다고 이야기한다. 이는 단순히 지식 자체가 위험하다는 뜻이 아니다. 지식이 지혜 없이 사용될 때, 생명을 창조하는 일처럼 통제 불가능하고 파괴적인 결과를 낳을 수 있다는 경고다. 인간을 향한 연민도, 세상을 이해하려는 깊이도 없이 쌓인 지식은 오히려 타인을 해칠 수 있다. 『프랑켄슈타인』은 바로 그 위험성을 잘 보여준다.

지식을 쌓는 일은 지혜를 쌓는 것보다 훨씬 쉽다. 그저 뚝심 있는 자세와 의지를 가지고 공부에 열중하면 된다. 유튜브 영상을 보기만 해도 지식을 얻을 수 있다. 어려운 분야의 지식을 쉽게 정리한 영상들은 도처에 널려 있다. 하지만 지혜는 단순히 공부하는 것만으로는 쌓을 수 없다. 지혜는 온전히 개인의 경험과 가치관에 달려 있으며 쉽게 전달되지 않는다. 또한 지식이 지혜를 바탕으로 전달되지 않으면 크고 작은 오류가 생기기 마련이다. 우린 이런 오류를 '지식의 저주'라는 현상에서 쉽게 목격할 수 있다. 지식의 저주란 풍부한 지식을 가진 사람이 타인도 자신과 지식 수준이 비슷할 거라고 여기는 경향을 말한다. 이 저주에 걸리면 지식과 지혜를 혼동하게 되고, 지혜를 지식처럼 전달하려 하기도 한다.

난 솔직히 공부가 재밌는 편이다. 노력한 시간 대비 가장 높은 효율을 뽑아낼 수 있는 게 공부였다. 뚝심 있게 앉아서 책을 읽고 공부를 하는 게 내 유일한 재능이다. 그런데 열심히 공부해서 그토록 붙고 싶었던 대학에 오니 나는 평균 미달의 학생이 되었다. 내 실력은 동기들의 수준에 비하면 새 발의 피에 불과했다. 나름 고등학교 시절 공부로 방귀 좀 뀌었다고 생각했는데 대학은 차원이 다른 곳이었다. 똑똑한 친구들에게 대학 시절 내내 많은 도움을 받았던 것 같다. 특히 나와 비슷하게 독서를 정말 좋아하는 동기 A는 어려운 전공 시간에 큰 힘이 되어주었다. 그런 A에게서 얼마 전 연락이 왔다. 내가 독서모임을 운영하는 것을 알고, 자기도 독서모임을 한 번 열어보고 싶은데 조언을 구하고 싶다고 했다. 그러고는 모임에 대한 간략한 설명 글을 보내왔다. 그런데 그 내용이 상당히 충격적이었다. 전혀 이해가 가지 않았기 때문이다. 그 글을 보는 순간 갑자기 내가 멍청해진 것 같은 기분이 들었다. 친구가 보내준 글에는 어려운 단어가 가득했다. 독서모임을 모집하는 건지, 철학모임을 모집하는 건지 알기 어려울 정도였다. 책도 많이 읽고 똑똑한 친구라 고급 어휘를 잘 구사하는 건 알았지만, 설명 글에 그 단어들을 넣을 줄은 몰랐다. 이제 막 책을 읽기 시작한 사람이 그 안내문을 본다면 아마 평생 독서모임에 참여하지 않을 것 같았다. 솔직하게 다 말할 수는 없어서 조금 쉬운 말로 다시 써 보는 게 좋을 것 같다고 했지만 A는 이해하지 못했다. 독서모임을 소개하는 글인데 쉬운 말로만 소개하면 품위가 없어 보일 것 같다고 이야기했다. 이것을 나는 '명문대의 저주'라고 표현하고 싶다. 뛰어난 지식을 자랑하는 일부 명문대 출신 지식인들은 보통 사람들의 수준을 잘 알지 못한다. 보통의 사람들이 멍청하다는 이야기가 아니라, 방대한 지식을 가지고 있는 지식인들은 공부와 지식의 늪에 빠지기 쉽다는 의미이다. 자신의 전문 지식을 누구나 간단한 설명만으로 이해할 수 있다고 믿는 것은 큰 착각이다.

  그렇다면 지혜를 기반으로 지식을 전달하는, 좋

은 글의 기준은 무엇일까? 첫 번째 기준은 '쉬운 글'이다. 지혜가 담긴 글은 독자가 내용을 충분히 이해할 수 있도록 쉽고 정확하게 지식을 전한다. 물론 전문적인 논문은 그 나름의 형식과 목적이 있는 글이므로 쉽게 쓰일 수만은 없다. 하지만 대부분의 글은 일반 독자를 대상으로 한다. 보통의 사람들은 일상에서 블로그 글이나 회의 자료를 읽는다. 책을 읽어도 문학작품이나 자기계발서를 더 자주 접한다. 이 글들은 논문에 비해 난도가 비교적 쉽다. 지금 이 책도 명색이 인문 에세이임에도 굉장히 쉬운 단어들로 쓰였다. 어려운 글은 사람들의 반감을 사기 쉬운데, 읽으면 읽을수록 본인이 멍청해진다는 느낌이 들 수 있기 때문이다. 동기 A가 논문을 쓰려고 했다면 어렵게 쓰는 게 맞겠지만 일반인을 대상으로 독서모임을 모집하고자 한다면 모임 소개 글은 간단하고 읽기 쉬워야 한다. 유능한 내 동기 A는 슬프게도 '명문대의 저주'에 빠져버리고 만 것이다.

  지식인들이 운영하는 유튜브 채널을 한번 살펴보

자. 구독자 약 75만 명을 보유한 '최재천의 아마존', 구독자 약 136만 명을 보유한 '셜록현준', 그리고 구독자 약 353만 명을 보유한 '슈카월드'. 이 채널들의 운영자들은 수십 년간 전문 분야의 지식을 쌓아왔다. 지식인들이 운영하는 채널이 많은 사람들의 관심을 얻을 수 있는 이유는 간단하다. 어려운 내용을 쉽고 재밌게 설명하기 때문이다. 일반인에게 어려울 수 있는 자연과학, 건축, 경제 분야를 맛깔나고 쉽게 설명하는 게 앞의 채널들의 엄청난 장점이다. 어려운 것을 쉽게 설명하기 위해 필요한 조건은 두 가지이다. 해당 분야에 대한 해박한 지식, 그리고 메타인지를 기반으로 한 높은 전달력이다. 여기서 메타인지는 나와 사람들의 차이를 제대로 파악하는 능력을 의미한다. 만약 서울대학교 경제학과를 나온 '슈카월드'의 운영자 슈카가 어려운 경제용어를 남발하며 영상을 만들었다면 어떻게 됐을까? 300만은커녕 3만 명의 구독자를 모으기도 쉽지 않았을 것이다. 동기 A는 독서와 책에 대한 해박한 지식을 가지고 있으므로 첫

번째 조건은 갖추었지만, 아쉽게도 높은 전달력을 가지지는 못했다. 내가 독서모임을 1년 이상 운영할 수 있었던 이유는 첫 번째 조건인 지식은 조금 부족하더라도 두 번째 조건인 전달력이 좋았기 때문일 것이다. 나는 모임을 운영하며 사람들에게 어려운 문학적 지식이나 개념을 알려주려고 하지 않았다. 문학을 처음 접하는 사람과 이야기한다는 생각으로 모임에 임했다. 어려운 용어를 써야 할 때면 그에 대해 간단하게 풀이하며 설명을 이어갔다.

앞서 언급한 유튜브 채널들은 언뜻보면 단편적인 지식을 전달하는 것처럼 보이지만 그 안에는 그들만의 지혜가 담겨 있다. 그들은 살면서 쌓아온 지혜를 바탕으로 지식을 전달한다. 만약 단순히 백과사전처럼 지식만을 전달하는 채널을 운영했다면 유튜브라는 생태계에서 결코 살아남을 수 없었을 것이다. 하지만 그럼에도 우리가 그들의 지혜를 완벽히 이해하는 것은 불가능하다. 경험의 차이는 극복하기 매우 어렵기 때문이다. 무언가를 공부할 때 가장 조심해야 하는 부분이기도 하다. 전문가의 지식을 습득했다고 해서 내가 그들의 지혜까지 받아들인 건 아니다.

결국 지혜를 얻기 위해서는 텍스트를 넘어 몸을 활용해야 한다. 지혜는 머리가 아닌 몸에서 나온다. 어떻게 보면 우리가 고대 철학자들보다 지혜로워질 수 있는 이유이기도 하다. 고대 철학자들은 스마트폰을 사용하지 않았고 SNS를 이용해본 적도 없다. 지구 반대편에 있는 나라에 자유로이 여행을 가지도 못했다. 위대한 철학자들의 행동반경은 매우 좁았다. 하지만 우리는 다르다. 고대인들이 겪었던 경험보다 훨씬 많은 것들을 할 수 있다. 17세기의 철학자는 18세기의 철학을 이해하지 못하고, 18세기의 철학자는 19세기의 철학을 이해하지 못한다. 하지만 21세기를 살아가는 우리는 인류가 쌓아온 철학의 정점에 서 있다. 우리가 과거의 철학자에 비해 부족할 게 무엇이 있겠는가? 과거의 철학자보다 지혜로워질 수 있는 방법은 무수히 많다. 중요한 건 누군가의 가르침이 아닌, 내 경험에서 무언가를 깨닫고자 하는 의지이다. 지식은 의지를 만들고, 의지는 지혜를 만든다.

　이 책을 쓰면서 내가 쓴 글이 모두에게 통하는 진리로 읽히지 않도록 꽤나 신경을 썼다. 한 문장 한 문장 쓸 때마다 독자들에게 내가 얻은 지혜를 억지로 주입하려는 건 아닐지 항상 경계했다. 내가 지혜라고 느낀 깨달음이 독자들에게는 지혜로 다가오지 않을 수 있기 때문이다. 물론 나의 이야기가 사람들에게 도움이 된다면 그것보다 기쁜 일은 없겠지만 나는 자기계발서를 쓸 만큼 성공한 사람도 아니며 역사에 남을 위인도 아니다. 그저 책과 세상 이야기를 좋아하는 청년일 뿐이다. 특별한 점이 있다면 인복이 조금 있어 좋은 사람들을 많이 만나본 게 전부다. 그러니 지금까지 본, 그리고 앞으로 볼 내용들을 하나의 진리가 아닌 지식의 집합으로 읽어주기를 바란다. 책에 나오는 지식들이 독자들의 지식과 합쳐져 새로운 지혜가 생겨나기를 바라며 이 글을 마친다.

3장

"우리 생활은 마치 시계추처럼

괴로움과 권태 사이를 오가고 있다."

– 아르투어 쇼펜하우어, 『쇼펜하우어 철학적 인생론』[4]

몇 년 전에 튀르키예로 여행을 떠난 적이 있다. 유동 인구가 제일 많은 이스탄불에 머물다 페티예라는 시골 마을로 이동했다. 이 지역은 패러글라이딩으로 굉장히 유명한 곳으로 세계 3대 패러글라이딩 명소 중 하나다. 스릴 넘치는 패러글라이딩을 마치고 저녁을 먹기 전 시원한 맥주 한 병을 들고 근처 해변으로 향했다. 타오르는 석양을 안주 삼아 모래사장에 누워 있으니 이런 생각이 들었다. "아 외롭다⋯⋯ 한국에 돌아가고 싶다⋯⋯." 열세 시간 비행 끝에 도착한 튀르키예였다. 현지 공항에서 두 시간을 비행기로 또 이동해야 올 수 있는 지역의 해변에서 내가 느낀 건 여유가 아닌 외로움이었다. 한국에 두고 온 일이 생각이 났고, 연인과 기념일을 보내고 있을 친구가 떠올랐다. 인간의 욕망이란 이처럼 가련하고 어리석다. 비싼 돈을 내고 온 휴양지에서 외로움을 느끼다니, 이보다 부끄러운 일이 어디 있겠는가? 하나의 욕망이 충족되면 권태를 느낀다. 권태는 또 다른 욕망을 불러일으킨다. 어쩌면 해외여행은 나에게 그저 도피처였을지도 모른다. 내 진짜 욕망을 채울 수 없기에 무심코 내린 잘못된 판단이었을 것이다. 그렇기에 허무함이 찾아왔다. 현생에서 만족을 느끼지 못하니 외국으로 도피했지만 허전함은 여전했다.

나는 '○○을 하면 행복할 거야!'라는 생각이 세상에서 가장 무서운 생각이라고 믿는다. 무언가를 해내서 느끼는 행복은 오래가지 못한다. 로또에 당첨된 행복조차도 유효기간이 있다. 좋은 대학에 합격했을 때, 좋은 기업에 들어갔을 때 느끼는 행복감도 그리

오래가지 않는다. 결국 답은 하나다. 일상에서 행복을 찾는 수밖에 없다. 한때 유행어였던 '소확행'을 찾으라는 이야기가 아니다. 소확행조차 유효기간이 정해진 행복이다. 무언가를 얻어서 오는 행복감이 아닌 행동 자체에서 느낄 수 있는 행복을 찾아야만 한다. 일례로 나는 휴일에 알라딘 중고서점에 자주 들리곤 한다. 특정 책을 사기 위해 가는 건 아니다. 물론 좋아하는 작가의 책이 들어왔는지 확인하긴 하지만 없다고 해서 실망하지는 않는다. 애초에 책을 사는 것이 목적이 아니기 때문이다. 여러 사람의 손을 탄 중고책들을 보고 있으면 괜스레 마음이 편안해진다. 이전에 보고 싶었으나 사지 않았던 책이 있을 때는 슬쩍 가격표를 들여다본다. 합리적인 가격이라면 한두 권 구매해서 집에 돌아온다. 빈손으로 돌아올 때도 많다. 하지만 그렇다고 해서 허전한 느낌이 들지는 않는다. 나에게 독서와 중고서점 탐방은 행동 자체로 행복을 주는 행위이다. 책을 읽으며 반드시 새로운 것을 공부할 필요는 없다. 평론가들의 분석을 찾아보며 애써 책의 내용을 해석하려고 하지도 않는다. 중고서점은 그저 카페처럼 쉬다 오는 곳이다.

소유에 대한 욕망, 나는 이것을 덧셈의 욕망이라고 부르고 싶다. 우린 항상 무언가를 더하려고 한다. 더하지 않으면 불안해한다. 잃지나 않으면 다행인 것인데, 우린 늘 더하기에 목말라 있다. 그리고 무언가 더해지면 권태가 찾아온다. 목이 말라 바닷물을 마시는 사람은 얼마 지나지 않아 더 큰 갈증을 느낀다. 하지만 우리는 육지에 살고 있다. 건강을 유지하기 위한 적당량의 수분이면 충분하지, 뱃속에 물이 넘칠 필요는 없다.

강력한 욕망이 생겨날 때는 행복이 아닌 행동을 찾아야 한다. 내 주변에는 행동을 우선시하는 사람들이 몇몇 있다. 마음이 힘들 때, 운동을 더욱 열심히 하는 친구가 있다. 차茶를 좋아해 다도모임을 만들며 차 마시기 활동을 하는 친구도 있다. 물론 나와 이들의 행동을 따라할 필요는 전혀 없다. 운동과 거리가 먼 사람에게 헬스장에 다니는 것을 권하고 싶진 않다.

억지로 하는 건 그야말로 완벽한 뺄셈이 되어버리기 때문이다. 어떤 행동이든 좋다. 어디에서 하든 좋다. 욕망과 권태에서 멀어지는 행동일수록 좋다. 자극적이지 않을수록 좋다. 자극적인 행동은 한계를 더 빨리 맞이하기 쉽기 때문이다. 그런 점에서 운동과 독서는 욕망과 권태로부터 멀리 떨어진 행위들이다. 운동을 조금이라도 해본 사람은 공감할 것이다. 헬스를 예로 들어보자. 웨이트트레이닝의 증량은 정말 험하고 먼 길이다. 사람들이 웨이트를 몇 년이고 하는 이유는 만족할 만한 운동 성과를 한두 달 안에 기록할 수는 없기 때문이다. 독서도 마찬가지이다. 죽을 때까지 전 세계에 존재하는 모든 책을 읽는 건 불가능하다. 하루 종일 책을 읽어도 재밌는 책은 매일 같이 쏟아진다.

그래도 이런 의문이 들 것이다. "그런 거 해도 너무 힘들어요……." 맞는 말이다. 솔직히 얘기하자면 앞에서 언급한 행동들을 한다고 해도 삶의 고통으로부터 멀어질 순 없다. 나 또한 마찬가지이다. 독서가 고역일 때도 있다. 독서 외에 도파민을 즉각적으로 가져다주는 행위를 하고 싶을 때도 많다. 현실로부터 도피해 소유욕을 흠뻑 채우고 싶은 날도 있다. 하지만 쇼펜하우어가 이야기했듯 삶은 고통이다. 행복이 디폴트값(초기값)이 아니라는 얘기다. 즉 인생에서 행복을 느끼는 순간은 예외적인 순간이며, 고통을 느끼는 때가 오히려 '정상'에 가깝다. 앞에서 얘기한, 인생은 욕망과 권태 사이의 시계추라는 말이 이제서야 조금 더 잘 와닿는다. 욕망이 충족되는 찰나가 행복이다. 하지만 시계추는 정지하는 법 없이 하루 종일 움직인다. 욕망과 권태 사이는 고통이다. 욕망에 일순간 도달한 시계추는 다시 권태의 고통으로 떨어진다. 그렇다, 인생의 대부분은 고통이다. 그러니 고통스러운 순간에는 이렇게 생각해보자. '지금이야말로 내 인생이 정상적으로 돌아가는 순간이구나.' 물론 이렇게 생각한다 해서 고통이 아예 사라지지는 않는다. 그래도 고통을 느끼는 순간 나 자신이 잘못된 건 아니라는 생각이 들지 않는가? 반대로 행복한 순간에는 이렇게 생각해보자. '지금은 인생에서 정말 찰나에 불과한 예외적인 순간이구나.' 그럼 행복이 사라지는 권태의 순간이 훨씬 짧아진다. 겸허한 자세로 행복을 바라보게 될수록 일상으로 빠르게 돌아올 수 있다.

하지만 그래도 여전히 무력감을 느낄 수 있다. 삶을 대하는 자세는 하루아침에 바뀌지 않는다. 그럴 때 필요한 것이 바로 산책이다. 느닷없이 왜 산책 이야기를 꺼내냐는 의문이 들 수도 있겠지만, 산책은 역사적으로 증명된 최고의 수양법이다. 쇼펜하우어, 칸트, 니체와 같은 철학자부터 다빈치, 마네, 고흐와 같은 예술가 모두 생전에 산책을 즐겼다. 산책을 통해 예술과 삶에 대한 영감을 얻고 세계적인 작품들을 남겼다. 물론 그들은 자연 속에서 산책을 즐겼다. 풀과 나무의 냄새를 맡고 꽃의 향기를 몸과 마음에 가득 품었다. 인생은 고통이라며 평생을 투덜거리며 살았던 쇼펜하우어조차 산책의 중요성을 잘 알고 있었다. 쇼펜하우어는 그의 저서에서 육체적 활동의 중요성을 강조했고 본인은 여든 살이라는 나이까지 장수하기도 했다. 무슨 일을 해야 할지 모르겠을 때, 스트레스에 심하게 짓눌릴 때 무작정 밖으로 한번 나가보자. 끝없는 욕망과 권태가 날 잡아먹으려 할 때면 아무 생각 말고 자연으로 향하자. 어떤 공원이든 좋다. 자연과 최대한 가까운 곳에서 산책을 하면 새로운 생각들이 불현듯 떠오르기 시작한다. 내 말이 믿기지 않는다면 지금 당장 책을 덮고 딱 이십 분만 산책을 해보기를 바란다. 물론 스마트폰은 실내에 두고 나가는 것을 권한다. 타인의 간섭 없이 자연 속에서 산책을 하다 보면 나도 모르는 사이에 머릿속이 맑아지고 생각이 정리되는 걸 느낄 것이다.

4장

"우리는 조류를 거스르는 배처럼

끊임없이 과거로 떠밀려 가면서도

앞으로, 앞으로 계속 나아가는 것이다."

− F. 스콧 피츠제럴드, 『위대한 개츠비』[5]

많은 사람들이 왜 인문학책을 읽냐고 물어본다. 솔직히 할 말이 많지는 않다. 자기계발서나 경제경영 서적이 훨씬 의미 있지 않냐고 물어볼 때도 마찬가지이다. 자기계발서에는 분명한 지침이 들어 있다. 경제경영 서적에는 직접적으로 부를 축적할 수 있는 방법들이 나와 있다. 이런 책들이 더 유용하다는 주장에 반박하고 싶은 마음은 없다. 고전문학과 철학책에는 인생을 바꿀 구체적인 방법이 나오지 않는다. 그저 좋은 소리만 늘어놓는 지식인의 일기처럼 보일 수도 있다. 그럼에도 내가 수년간 포기하지 않고 꾸준히 인문학을 읽어온 이유는 간단하다. 인문학에는 '한 방'이 있다. 책의 한 페이지가, 책의 한 구절이 때로는 나를 완전히 뒤바꾼다. 절망의 구렁텅이에서 내게 손을 내민 건 주식으로 1억을 버는 방법이 아니었다. 내일 하루를 또다시 힘차게 살아가게 해주는 한 문장이었다. 영문학을 전공으로 삼은 내가 제일 좋아하는 작품은 피츠제럴드의 『위대한 개츠비』이다. 일본의 유명 작가 무라카미 하루키는 이 책을 열 번 이상 읽지 않은 사람과는 문학적 토론을 하지 않는다고 했다. 이 작품의 마지막 문장은 역경 속에서 나를 여러 번 구해주었다.

"우리는 조류를 거스르는 배처럼 끊임없이 과거로 떠밀려 가면서도 앞으로, 앞으로 계속 나아가는 것이다."

의미는 간단하다. 포기하지 말고 앞으로 나아가라는 것이다. 나는 여기서 '과거 속으로 끊임없이 떠밀려 가면서도'라는 표현에 집중했다. '과거는 잊어라',

'과거를 양분으로 삼아 성장해라'라는 말은 명언집에 자주 등장한다. 우린 무심코 과거에 대해 생각하고 후회하는 일을 부정적으로 여긴다. 나는 반대로 과거로 밀려가는 것, 과거에 빠져드는 것을 부정적으로 여기지 않는다. 과거로 밀려가지 않는 인간은 없다. 그보다 중요한 건 배를 띄우는 것이다.『위대한 개츠비』의 마지막 문장이 포기하지 말고 배를 띄우라는 내용이었다면 아마 금방 잊어버렸을 것이다. 하지만 작가는 과거로 밀려가는 인간을 긍정한다. 요즘도 힘이 들 때면 이 문장을 머릿속에 떠올린다. 과거와 현재를 비교하고 싶어질 때면 그냥 비교한다. 과거를 잊지 않으려 노력한다. 부끄러운 과거를 따뜻하게 안아줄 때 내일이 보이기 시작한다.

  문학은 이처럼 나에게 강력한 의지를 불어넣어줄 때가 많다. 생각을 업으로 삼는 작가들과 철학가들이 쓴 문장을 우리는 거의 공짜로 볼 수 있다. 자신과 맞지 않는 문장들이 가득한 책을 만난다면 그냥 덮어도 좋다. 세계적인 명작이라 할지라도 나에게 맞는 책이 아니라면 과감히 덮을 필요가 있다. 그러니 명작들을 접할 때에는 겁먹을 필요가 전혀 없다. 사람이 있고 책이 있는 것이지, 책이 먼저고 사람이 나중인 게 아니다. 전문가들의 해석에 매달릴 필요도 없다. 그냥 느껴지는 대로 읽으면 된다. 가볍게 읽으라고 쓴 문학에 평론가들이 눈에 불을 켜고 매달릴 때도 있으니 말이다.

한국 사회는 유독 정형화된 노력과 꾸준함에 큰 가치를 부여한다. 물론 옛날에 비해 많이 변하긴 했지만 아직까지 부족한 점이 많이 남아 있다고 생각한다. 공부를 열심히 또 꾸준히 하는 학생은 칭찬받는다. 하지만 재즈를 좋아해서 열정적으로 파는 학생은 어른들의 핀잔과 잔소리를 듣는다. 성인이 되어서도 마찬가지다. 명문대에 들어간 학생은 대기업에 취업하거나 전문직 자격증을 따는 것이 정석적인 코스로 여겨진다. 내 동기들도 왕도王道라 불리는 정석 코스를 밟은 경우가 많다. 명문대생이라면 당연히 타야 하는 배를 타고 전문직으로 일하는 지인들과 이야기를 나누어보면 꽤나 충격적인 말을 들을 때가 많은데, 꽤 높은 비율로 지금 하는 일을 그만두고 싶다고 말한다. 억대 연봉을 받고 사회적 명예를 누리지만 현생에 만족하지 못하는 것이다. 스무 살 때 즐겼던 취미를 계속 이어가지 못한 것에 대한 후회도 심심찮게 드러냈다. 그들이 타는 배는 호화로운 유람선이었지만 정작 마음에 품고 있는 배는 혼자 모험을 떠나기 충분한 아담한 나룻배였다. 물론 생계를 버리고 불안정한 여정을 떠나는 일은 쉽지 않다. 격렬히 장려해야 하는 일도 아니라고 생각한다. 가난한 예술가의 삶이 언제나 낭만적이지 않다는 건 우리 모두가 잘 알고 있는 사실이다.

하지만 내 열정을 불태우는 일과 생업이 항상 같을 필요는 없다. 일례로 나는 작년 겨울부터 장편소설을 쓰고 있다. 출판을 목적으로 쓰는 글은 아니다. 기회가 된다면 많은 사람들에게 읽히기를 바라지만, 소설을 쓰기 시작한 근본적인 이유는 내 인생을 한 편의 작품 안에 담고 싶었기 때문이다. 내가 지금까지 살아오면서 느꼈던 과거의 감정들과 경험들을 정리해 나만의 방주를 만들고 싶었다. 내 미래의 방향성을 알려줄 수 있는 일기이자 나침반이 될 작품이라고 생각한다. 투자하는 시간과 노력에 비해 가성비가 좋은 취미이자 일은 아닐지도 모른다. 이 시간에 투자 공부를 하거나 기술을 배운다면 경제적으로 더 높은 효용가치를 만들어낼지도 모른다. 그럼에도 나는 혼자서 소설을 쓰는 일을 가성비 떨어지는 조잡한 취미라고 생각하지 않는다. 소설은 나에게 세상의 물살을 헤쳐나가는 하나의 배이자 안락한 요람과 같기 때문이다. 삶이란 그런 것이다. 모두가 관심을 주지 않고 심지어 손가락질을 해도 내가 좋기 때문에 끝까지 우직하게 밀고 나가는 것. 그것이 주체적인 삶이자 삶이 실존하는 이유라고 생각한다.

타인의 기준과 관념에 엄격하게 얽매이지 말자고 다짐하면서도 정작 우리가 현실에서 주체적으로 해나가는 일들은 많지 않다. 무언가를 소비할 때, 새로운 경험을 할 때 알게 모르게 타인의 시선과 판단을 의식해서 줏대를 잃을 때도 있다. 아무도 우리의 삶을 대신 살아주지 않는데도 말이다. 내가 쓰는 글은 타인의 시선으로부터 멀찍이 떨어져 있는 나만의 조용한 공간이다. 이 공간에서는 그 누구의 방해도 받지 않는다. 오직 내 과거, 현재, 미래만이 공존하며 대화를 나눌 뿐이다.

열정을 불태우게 만드는 일이 생기더라도 세상의 물살을 거스르며 나아가는 일은 쉽지 않다. 이것이 인생의 본질이자 의무라고 생각하면 더더욱 힘들어진다. 이 고난과 고통 속에서 한 인간을 끝까지 지탱해줄 수 있는 힘은 바로 스스로에 대한 사랑이다. 과거로 밀려가는 자신, 현재에서 버티는 자신, 그리고 미래로 나아가려는 자신을 모두 사랑하자. 좋은 배는 언제든 만들 수 있고 부서진 배는 언제든 고칠 수 있다. 스스로에 대한 신념과 사랑이 세상의 물살을 거스르는 데 필요한 첫 번째 조건이다. 결국 내 배에 올라타는 사람, 내 배의 선장과 선원은 모두 나라는 사실을 기억하기를 바란다.

5장

"그게 쉬운 일이었다면 그 속에서

아무런 즐거움도 얻을 수 없었을 것이다."

– 빈센트 반 고흐, 『반 고흐, 영혼의 편지』[6]

시중에서 판매 중인 다양한 자기계발서, 심리학 서적을 보다 보면 불안에 대한 이야기를 쉽게 접할 수 있다. 이 책들은 불안을 다스리는 법, 불안에서 멀어지는 법에 대해 알려준다. 명상기법과 마인드셋 훈련법을 소개하기도 한다. 심리학을 좋아해서 심리학 서적을 많이 보는 편인데 어느 날 문득 이런 생각이 들었다.

'불안은 정말 나쁜 걸까?'

아무리 생각해도 불안 없는 인생은 상상할 수 없

다. 불안이 없는 인생이 과연 인생인가 하는 의문도 든다. 불안은 나쁜 게 아니다. 조금은 퉁명스럽긴 하지만 우리 인생에 없어서는 안 될 소중한 친구이다. 불안은 생물학적으로도 매우 유용한 감정이다. 몸에 이상이 생겼을 때 불안을 느끼는 건 생존에 도움이 된다. 폭발음을 듣거나 위험한 무기를 발견했을 때 도망가는 것 또한 마찬가지이다. 미래와 진로에 대해 불안을 느끼는 건 장기적으로 보았을 때 아주 현명한 일이다. 아무 생각 없이 돈과 시간을 탕진하면 10년, 20년 뒤에 후회할 확률이 높아지기 때문이다. 절대 끝내지 못할 것 같은 과제와 업무도 불안이 해결해줄 때가 많다.

생각해보면 우리가 위대한 작품이라고 부르는 여러 소설도 불안의 감정에서 시작된 경우가 많다. 그 예로 조앤 롤링의 『해리 포터』가 있다. 세계 최고의 판타지 소설이라 할 수 있는 『해리 포터』의 작가 조앤 롤링은 생활고에 시달리면서 작품을 완성했다. 보조금을 받으며 어렵게 완성한 소설 『해리 포터』는 열두 곳의 출판사로부터 출간 거절을 당하기도 했다. 심지어 조앤 롤링은 원고를 복사할 비용이 없어서 구식 타자기로 손수 원고를 옮겼다고 한다.『해리 포터』는 수많은 아이들에게 추억으로 남은 대단한 소설이지만, 그 여정의 시작은 전혀 유쾌하지 않았다. 작가는 즐거운 마음만으로 소설을 쓰지 않았다. 번뜩이는 상상력과 아이디어는 생활고를 벗어나기 위한 생존 도구였다. 그녀의 상상력과 아이디어는 놀이공원의 불꽃처럼 아름답게 타오르지 않았다. 가난에서 벗어나겠다는 일념, 아이에게 떳떳한 엄마가 되고 싶다는 의지가 세계적인 소설을 완성시켰다.

고전문학들은 어떠한가? 즐거운 마음으로 쓴 작품 중에 명작이라 불리는 작품들이 있던가? 행복한 마음으로 펜을 든 작가들은 몇 없었다. 그들은 역겨운 시대에 환멸을 느껴 펜을 들었다. 사람에게 상처를 받아 글을 쓰기 시작했다. 세상에 태어난 게 후회되어, 세상이 너무나도 미워서 작품을 써 내려갔다. 스스로 목숨을 끊는 일을 영예로 생각했던 일본 문인들은 얘기할 것도 없다. 무난한 시대에, 무난한 가정에서 태어나 세계적인 역작을 남긴 작가들은 찾아보기 어렵다. 역사에 남은 명작들은 출간 이후에 엄청난 스포트라이트를 받았지만 그 시작은 암울한 그늘이었다. 인간은 참 이상하다. 어째서 슬프고 우울하고 배고플 때만 좋은 작품들이 나오는 걸까? 행복한 인생과 좋은 작품, 둘 다 이루는 건 욕심인 걸까?

이 책 역시 불안에서 비롯되었다. 언젠간 사람들이 책을 영영 싫어하게 될까 봐, 서로를 이해하려 노력하는 사회가 무너질까 봐 이 책을 쓰고 있다. 책 한 권으로 좋은 사회를 만드는 건 사실 말도 안 되는 욕심이지만, 나는 내 불안에 힘을 얻어 좋은 글을 쓰려고 노력하는 중이다. 불안을 느끼지 않았다면, 그저 매일 행복한 기분에 둘러싸여 지냈다면 독자들과의 만남은 이루어지지 못했을 것이다. 불안이라는 친구가 세상에 무심한 채 바지 주머니에 꽂아두었던 내 손을 빼냈다. 그리고 카페의 창가 자리에 나를 앉혀 글을 쓰게 했다. 그러니 이 책을 읽는 독자들도 불안을 마낭 적으로 여기며 없애려 하지 않았으면 좋겠다. 대신 불안과 진지한 대화를 나누어보기를 바란다. 사실 불안은 우리를 죽이고 싶어 하는 존재가 아닌, 무슨 수를 써서라도 살리고 싶어 하는 존재이다. 불안을 있는 그대로 받아들이는 사람이 되어보자. 불안을 느낀다는 건 삶에 강한 열정과 생명력을 느낀다는 지표이니 말이다. 다음은 평생을 불안과 싸워온 인상주의 화가 고흐의 편지글이다.

열심히 노력하다가 갑자기 나태해지고
잘 참다가 조급해지고
희망에 부풀었다가 절망에 빠지는 일을
또다시 반복하고 있다.
그래도 계속해서 노력하면
수채화를 더 잘 이해할 수 있겠지.

그게 쉬운 일이었다면
그 속에서 아무런 즐거움도 얻을 수 없었을 것이다.

그러니 계속해서 그림을 그려야겠다.

고흐가 동생 테오에게 보낸 편지 중에서[7]

100미터 달리기는 죽을 힘을 다해 뛰면 그만이다. 심장이 터질 듯이 뛰어도 몇 분 내로 경기는 종료된다. 하지만 인생은 100미터 달리기가 아니다. 순식간에 끝나는 경기가 아니다. 그보다는 마라톤에 가깝다. 열심히 달리다가 멈추고 싶을 때 쉽게 멈출 수 없다. 그렇기에 체력과 정신력을 잘 관리해야 한다. 초장에 젖 먹던 힘까지 짜내 전력 질주를 하는 사람은 금방 지치고 만다. 무슨 일을 하든 초반에 불타는 열의를 보이는 사람이 있다. 그 열정이 일의 마무리까지 쭉 이어지면 기적이지만 대부분은 중간에 번아웃(의지와 열정이 모조리 사라진 상태)에 빠지게 된다. 무엇을 위해 노력하는 건지 의문이 들기도 하고, 제대로 성장하고 있는 건지 불안감을 느끼기도 한다. 그러다 결국 노력과 보상에 회의감을 느끼며 자존감을 잃고 중도에 포기하고 만다.

  고흐의 인생은 불안감, 회의감, 후회와 절망으로 가득했다. 남들이 뭐라 해도 그림을 계속 그렸던 사람이지만 마음 한구석에 항상 불안을 품고 있었다. 쉬지 않고 열심히 그림을 그렸음에도 자신의 실력에 항상 의문을 품었다. 그럼에도 고흐는 그 불안 속에서 분명 무언가를 배운다고 생각했다. 불안함이 조급함을 만들고 걱정이 절망을 불러올 때도 고흐는 붓질을 멈추지 않았다. 그저 묵묵히 같은 자리에서 계속 그림을 그렸다. 만약 고흐가 기술에만 집중하는 화가였다면 그의 예술은 지금까지 전해지지 않았을 것이라 생각한다. 불안의 호수 위에서 계속해서 노를 저었기 때문에 사람들이 고흐의 작품을 여전히 사랑하는 건 아닐까? 그림이 완성되기까지 붓을 놓지 않을 것이라는 고흐의 신념은 지금도 우리 곁에 남아 있다. 고흐는 말한다. 어떠한 과정에 어려움이 없다면 그 안에서 얻을 것은 아무것도 없다고. 불안과 고통을 수반하지 않는 성장에는 기쁨이 없다. 쉽게 번 돈이 지갑에서 쉽게 빠져나가듯 말이다.

예술에 대한 고흐의 철학은 정말 대단하지만 그렇다고 해서 고흐가 우리보다 대단히 특별한 사람인 건 아니다. 고흐가 그림을 사랑했듯 우리도 무언가를 진심으로 사랑한다면 고흐와 같은 사람이 될 수 있다. 때론 모든 걸 리셋하고 다시 시작하고 싶은 생각이 들 수도 있지만, 불안과 절망은 그 자체로 인간의 순수한 감정이다. 불안과 절망을 과정의 아름다운 일부라고 생각하자. 진정한 행복은 진정한 절망에서 나온다. 절망은 오늘 느끼는 기쁨의 어제였을 뿐이다.

6장

"무사태평해 보이는 이들도 마음속 깊은 곳을 두드려보면 어딘가 슬픈 소리가 난다."

— 나쓰메 소세키, 『나는 고양이로소이다』[8]

나는 인복이 아주 많은 사람이다. 과분하게도 사람을 만날 기회가 많았다. 나보다 능력이 좋은 사람들과 함께하다 보면 배울 수 있는 것들이 정말 많다. 대학에서 유능한 사람들을 많이 만났지만 그중에서 가장 기억에 남는 선배 한 명이 있다. 나와 다섯 살 차이가 나는 선배 A는 세상을 보는 시각이 아주 독특한 사람이었다. 사업에 관심이 많아 일상에서 사업 아이템을 발굴하는 게 취미인 것처럼 보일 정도였다. 매사에 열정적이었고 작은 일 하나에도 최선을 다해 임했다. 스무 살의 나에게 그런 선배의 비전과 자신감은 정말 멋있게 느껴졌다. 대학교 1학년 때는 동기들보다 선배 A를 더 자주 만났다. 친동생처럼 자신을 따르는 나를 선배도 기특해했다. 선배는 대학을 졸업하자마자 취업에 성공했는데 1년 만에 직장을 그만두었다. 직장 생활이 자신과는 잘 맞지 않는다고 했다. 그러고는 교육 컨설팅 사업을 시작한 뒤 나에게 도움을 요청했다. 같이 일해볼 생각이 없느냐는 선배의 말에 나는 흔쾌히 수락했다. 평소 동경하던 선배와 함께 일을 할 수 있는 건 영광이었고, 인턴조차 하기 쉽지 않은 취업 환경에서 실무 경험을 쌓을 수 있는 좋은 기회이기도 했다. 휴학을 하기도 하며 약 1년간 선배와 함께 일을 했다. 스타트업이다 보니 일을 하면 할수록 해야 하는 일이 더욱 늘어났다. 계속해서 직원들을 채용했고 회사는 조금씩 커져갔다. 하지만 매출은 예상만큼 쉽게 오르지 않았다. 대부분의 스타트업이 겪는 고질적인 문제였다. 무급으로 일하는 달도 있었다. 일을 시작하기 전부터 예상하고 있던 일이라 크게 실망스럽진 않았지만 선배는 달랐다. 사업체의 대표로서 적자를 그냥 두고볼 수는 없었을 터였다. 나는 졸업 후에 새로운 직장에 들어갈 수 있겠지만, 회사를 그만두고 사업을 시작한 선배에게 플랜 B는 없었다.

선배는 회식 자리에서 굉장히 밝은 사람이었다. 회식에 쓰는 돈을 아깝게 여기지 않았고 팀원들도 선배를 매우 좋아했다. 팀원들에게 선배는 앞날이 창창한 젊은 사업가였다. 하지만 선배의 속내는 밝지만은 않았을 것이다. 하루는 늦게까지 회식을 하고 선배의 집에서 자고 간 적이 있다. 우린 새벽까지 잠에 들지 못하고 회사의 앞날에 대해서 이야기를 나눴다. 선배는 이런저런 고민을 털어놓았다. 개인적으로 졌던 빚도 많이 남아 있는 상태이고, 앞으로 얼마나 더 회사를 유지할 수 있을지 모르겠다는 내용이었다. 근심에 빠져 이야기하는 선배의 모습은 기존에 알던 모습과는 확연히 달라 당황스러웠다. 거대한 산처럼 듬직하고 무너지지 않을 것 같던 사람이 무거운 고민에 빠진 모습을 보니, 쉽게 받아들이기 어려웠다.

　나쓰메 소세키의 소설 『나는 고양이로소이다』에는 이런 구절이 나온다. "무사태평해 보이는 이들도 마음속 깊은 곳을 두드려보면 어딘가 슬픈 소리가 난다." 고양이의 시선을 빌려 다양한 인간의 모습을 비추는 이 소설은 인간 내면의 어두움을 조명하는 작품이다. 영묘한 고양이의 눈으로 바라본 인간들은 모두 마음속에 어두움을 품고 있다. 어두움이 잘 드러나는 사람은 나약하다는 평가를 받으며 연민과 동정의 대상이 되기도 한다. 타인의 도움이 필요하다면 어두움을 드러내는 편이 유리하다. 나약하다는 평가를 받는 것보다 최악인 것은 그 누구의 구원도 받지 못하고 쓸쓸히 생을 마감하는 것이기 때문이다. 무사태평해 보이는 사람들은 어두움이 없는 사람이 아니다. 그들은 그저 어두움을 잘 드러내지 않을 뿐이다. 남들의 기대를 받고 있거나 열정이 넘치는 사람일수록 어두움을 감추려는 경향이 있다. 선배 A도 마찬가지였다. 회사 대표는 직원들 앞에서 푸념을 늘어놓을 수 없다. 회사에서도, 회식 자리에서도 대표는 한결같이 강한 모습을 보여주어야 한다. 그들은 오직 측근에게만 속마음을 털어놓는데, 그마저도 극히 일부일 때가 많다. 그런 의미에서 선배가 나에게 고민을 이야기한 것은 모순적인 감정을 불러일으켰다. 측근에 속하게 되었다는 기쁨, 선배에 대한 연민을 동시에 느꼈기 때문이다.

사실 10년 전만 하더라도 난 타인의 삶이나 무사태평함에 대해 깊게 생각하지 않았다. 당시에는 SNS가 지금처럼 활성화되어 있지도 않았고 서로의 삶을 다채롭게 드러낼 수 있는 수단이 많지 않았기 때문이다. 하지만 어느 순간부터 우린 타인의 삶에 필요 이상의 관심을 기울인다. SNS는 현실이 아니다. 정확히 말하면 현실 속 최고의 순간들만을 모아둔 일종의 보물창고 같은 곳이다. 소중한 물건들과 재산들을 담아두는 보물창고에 쓰레기를 보관하는 사람은 없다. 그러나 우린 타인의 보물창고를 보고 마치 그가 왕의 삶을 살고 있다고 착각한다. 스마트폰 속 행복해 보이는 친구의 모습을 보며, 그는 나와 다른 세상에 살고 있다고 여기는 것은 큰 착각이다.

찰스 디킨스의 소설 『두 도시 이야기』에는 다음과 같은 문장이 나온다. "최고의 시대이자 최악의 시대였다." 이건 마치 21세기의 대한민국을 예견한 듯한 내용이다. 우린 대단한 국가에서 살고 있다. 언론에서는 대한민국의 자살률, 실업률, 빈곤률에 대해 부정적인 뉴스를 쏟아내지만 주변을 둘러보면 삶을 윤택하게 해주는 것들이 정말 많다. 아마 당신은 이 책을 종이책 혹은 전자책으로 읽고 있을 것이다. 만약 종이책으로 읽고 있다면 여윳돈으로 책을 구입해서 읽거나 서점의 한 코너에 서서 읽고 있을 거라 생각한다. 전자책이라면 스마트폰이나 특정 리더기로 전자책을 구매하거나 대여하여 읽는 중일 것이다. 이는 모두 안정적인 사회에서, 편안하게 교양을 누릴 수 있는 상황에서만 가능한 것들이다. 수십 만원을 지불하고 유명 오페라나 뮤지컬을 보는 것만이 호화로운 문화생활은 아니다. 여유롭게 독서를 하는 것이 세상 모든 사람들이 누릴 수 있는 투박한 문화생활인 것도 아니다. 관점만 조금 바꾼다면 우리 모두는 나름대로의 호화로운 삶, 무사태평한 삶을 살아간다고 말할 수 있다.

무사태평해 보이는 사람을 보면 부러움, 시기, 질투, 열등감 등 다양한 감정을 느낀다. '난 이렇게 힘들게 사는데, 난 이렇게 부족한 게 많은데 어째서 저 사람은 늘 행복해 보이는 걸까?' 나도 마찬가지이다. 나보다 잘나고 여유로운 사람을 보면 솔직히 부러운 마음이 먼저 든다. 그럴 때마다 생각한다. 이 사람의 마음 어딘가에서 구슬픈 소리가 들릴지도 모른다고 말이다. 유명한 연예인, 가수, 사업가가 승승장구하다 스스로 목숨을 끊는 일을 뉴스에서 자주 접하곤 한다. 사실은 이들도 구슬픈 소리를 가진 평범한 인간이 아니었을까? 아무도 그 소리를 듣지 않으려 했기에 생을 마감한 건 아닐까. 물론 타인의 마음속 구슬픈 소리에 집중한다고 우리의 인생이 나아지는 건 아니지만, 타인의 지옥을 위안 삼아 내 지옥을 극복하려는 건 도덕적으로도 위험한 일이다. 희귀 질환으로 고생하는 사람을 보며 내 건강함에 감사와 행복을 느끼는 건 바람직하지 않다. 타인의 지옥을 보았을 때, 타인의 구슬픈 마음의 소리가 들렸을 때 우리가 할 수 있는 최선은 하나다. 내 지옥을 보여주는 것이다. 당신만이 지옥의 주민이 아니라는 것을 알려주어야 한다. 서로의 구슬픈 소리를 들으며 눈물 흘릴 때, 우린 비로소 악한 감정으로부터 독립할 수 있다. 서로의 지옥에 서로를 초대할 때 우린 비로소 하나가 된다. 무사태평해 보이는 모습이 무사태평한 마음이 된다.

7장

"죽는 것은 이미 정해진 일이기에

명랑하게 살아라."

— 프리드리히 니체, 『권력에의 의지』[9]

명랑함이란 무엇인가? 명랑함은 단순히 긍정적으로 세상을 바라보는 것을 의미하지 않는다. 나는 명랑함은 호기심이라고 생각한다. 호기심이 많은 사람은 에너지가 많다. 새로운 무언가를 발견했을 때 마치 먹이를 발견한 사자처럼 달려든다. 명랑한 사람들에게는 긍정과 부정이 없다. 그저 '일단 해보자'의 정신이 강력하게 작동할 뿐이다. 에너지가 넘치는 사람과 가까이 있다 보면 주변 사람의 에너지도 올라간다. 반면에 에너지가 고갈된 사람에게는 다가가는 것조차 어렵다.

20대 초반의 나는 명랑하지 못한 사람이었다. 한 번은 대학 수업에서 부끄러운 모습을 보인 적이 있었다. 발표와 토론 위주인 전공 수업에서, 한 교수님은 수업을 원활하게 진행하기 위해 반장을 뽑아보자며 학생들에게 반장 후보로 추천할 학우가 있는지 물어보셨다. 당시 나와 같이 수업을 듣고 있던 동기 한 명이 나를 추천했다. 이후 반장 후보들이 몇 명 더 나왔고, 그렇게 반장 후보에 오르게 된 사람들은 기조연설을 하게 되었다. 후보들은 모두 나보다 후배였다. 분위기를 보니 다들 반장 맡기를 꺼리는 듯했다. 추천으로 후보에 올랐을 뿐, 자원한 사람은 없었기에 선배인 내가 먼저 나서서 반장을 하겠다고 하면 아름다운 그림이 그려지는 상황이었다. 하지만 나는 당시에 이런저런 문제를 겪고 있어서 남들 앞에 나설 자신감이 부족했다. 정확하게 이야기하면 귀찮은 일을 떠맡기 싫은 상황이었다. 매사가 지겨웠고, 힘든 상황을 간신히 모면하는 데 급급한 소극적인 사람이었다. 결국 나는 지금 생각해도 정말 부끄러운 기조연설을 했다. 내가 지금 정말 힘들고 바쁜 상황이니 반장이라는 영광스러운 역할을 후배님들에게 돌리고 싶다, 그러니 내가 아닌 다른 사람을 뽑아달라. 반장이라는 막중한 역할을 후배들에게 떠넘기 못난 선배가 되어버렸다. 자신 있게 '내가 한번 해보겠다!'라고 말했다면 남은 수업에 훨씬 명랑하게 참여할 수 있었을 텐데.

살아가는 데 있어 긍정적인 태도는 중요하다. 자신 있게 사는 태도도 중요하다. 하지만 이런 태도를 어떻게 가질 수 있는지 자세하게 알려주는 사람은 없다. 개인주의가 팽배하고 모두가 각자도생하는 이 시대에 명랑한 사람은 찾기 어렵다. 하지만 주변에 행복하게 사는 사람, 사회적 성공과 부를 이룬 사람들의 공통점은 그들이 명랑한 사람이라는 것이다. 어떻게 하면 이 명랑함을 가질 수 있는가? 아마 답은 한 가지가 아닐 것이다. 하지만 적어도 나에게 있어서 분명한 답은 바로 '도전'이다. 정확히 말하면 무엇이든 기꺼이 하려는 태도이다. 앞서 이야기한 수업에서 나는 처참할 정도로 민망한 모습을 보였다. 단순히 거절한 것이 아니라, 타인에게 부담을 전가해버렸기 때문이다.

다행히 한 사건을 겪으면서 명랑함을 찾을 수 있었다. 2022년도에 대학 축제에서 한 주점 부스의 팀장을 맡아 이틀간 장사를 한 적이 있다. 축제 때는 모두가 놀고 싶어 하지, 아침부터 새벽까지 축제 준비를 하며 노동을 하고 싶어 하는 사람은 많지 않다. 장을 맡고 싶어 하는 학생은 더더욱 찾기 어렵다. 솔직히 나도 내가 제대로 해낼 수 있을 거라는 믿음으로 팀장을 맡게 된 건 아니었다. 앞서 이야기한 '무엇이든 기꺼이 하려는 태도'가 나를 움직였다. 안정과 면책이라는 그늘에서 걸어 나와 도전의 열기를 온몸 가득히 쬐고 싶었다. 팀장을 맡은 나는 잠도 줄여가며 주점 부스의 콘셉트, 메뉴, 운영 매뉴얼을 만들었다. 시일이 촉박했기 때문에 모두의 의견을 수렴하고 회의를 진행해가며 준비할 수 없었다. 팀원들한테 양해를 구하고 대부분의 업무를 내가 진행한 다음 알리는 식으로 진행했다. 예산도 고려하며 계획을 짜야했기에 고민해야 할 부분이 정말 많았다. 짊어지는 짐이 늘어나며 어깨가 점점 무거워졌지만 신기하게도 명랑함은 더욱 커져갔다. 장사를 시작한 첫날, 새벽에 일어나 학교로 갔다. 주점의 자리를 다시 한번 살피고 서둘러 테이블과 의자를 세팅했다. 인테리어용 조명은 잘 작동하는지, 재료는 신선하게 준비되어 있는지 확인하고 또 확인했다. 장사를 시작하고 나서는 손님들의 반응 하나하나를 관찰했다. 만족스러운 표정을 지으며 축제의 공연을 관람하는 손님들을 보고 있으니 당장 대학을 그만두고 장사를 하고 싶은 생각도 들었다. 물론 말도 안 되는 철없는 생각이었지만, 짧은 시간 동안 장사를 하며 느꼈다. 사람은 때로는 철없이, 그저 명랑하게 일을 해야 한다고 말이다. 칵테일을 주메뉴로 한 주점은 이틀간 150만 원이 넘는 매출을 기록하며 성공리에 종료되었다. 매출의 일부는 학교 동아리 지원금으로 사용하였고 남은 돈은 같이 일한 후배들과 회식하는 데 썼다. 후배들은 '이렇게 잘될 줄 몰랐다, 한 건 별로 없는데 정말 즐거웠다'와 같은 긍정적인 피드백을 전했다. 하루에 세 시간 이상 자지 못한 만큼 육체적으로는 분명 힘들었지만, 그 어느 때보다 내가 하고 싶은 일에 몰두했던 그 당시에 내 정신은 가장 또렷하고 명랑했다.

도전은 막중한 책임을 지는 것만을 의미하지 않는다. 대형 프로젝트의 장을 맡거나 사업을 시작하는 것만이 도전은 아니다. 앞서 말했듯 도전은 무엇이든 기꺼이 하려는 태도이다. 일상에서 당연히 해오던 것들에 작은 틈을 만드는 것 또한 도전이다. 일상 속에서 시도할 수 있는 도전은 무궁무진하다. 가령 항상 왕래하는 길이 아닌 새로운 길로 퇴근을 하는 것, 한 번도 가보지 못한 새로운 동네의 카페에 가는 것, 무진장 어려운 벽돌책을 사 읽는 것⋯⋯. 이 모든 것들은 당신의 명랑함을 키워줄 수 있다. 사실 우린 이렇게 간단한 일상 속 도전들도 미룰 때가 많다. '에이 귀찮게 왜⋯⋯ 그냥 하던 대로 하자'와 같은 생각이 드는 건 이상한 일은 아니다. 우리의 뇌와 몸은 언제나 항상성을 유지하려고 하기 때문이다. 하지만 명랑함은 언제나 새로운 것에서 온다. 새로운 도전과 새로운 경험을 할 때 명랑함은 쑥쑥 자라난다.

  명랑함의 중요성을 알게 된 이후로 일상에서 작은 도전들을 해보며 살고 있다. 최근에는 처음으로 새로운 버스를 타고 집에 가보기도 했다. 매일 같은 버스를 타다 보면 창밖으로 보이는 풍경도 항상 똑같다. 단조로운 풍경은 안정감을 주기도 하지만 지루하다는 느낌을 줄 때도 있다. 새로운 버스에서 보는 창밖의 풍경은 아주 색달랐다. 새로운 거리를 보며 이동하니 좋은 글감이 생각나기도 했다. 김영하 작가처럼 유명한 작가들은 세계 곳곳을 여행하며 글을 쓰는 것을 즐긴다고 한다. 새로운 아이디어, 창의적인 글감을 얻기 위해 떠나는 여행이 아닐까 싶다. 해외로 떠나는 여행도 좋지만 명랑한 기운을 불어넣어주는 여행은 집 근처에서도 충분히 가능하다. 처음 가보는 가게, 처음 즐기는 취미, 처음 가보는 모임은 모두 명랑함의 원천이다.

　내가 언급한 도전들은 누구나 작은 마음만 먹으면 시도할 수 있다. 처음부터 거대한 도전을 목표로 삼을 필요는 없다. 매일매일 조금씩 시간을 내어 시도할 수 있는 도전으로 시작하는 게 좋다. 일본어를 배우고 싶다면 곧바로 일본어 학원에 등록할 필요는 없다. 취업을 위해 외국어 성적이 필요한 게 아니라면 오히려 대담한 시작이 작심삼일의 태도를 불러올 수 있다. 처음에는 일본 드라마 시청, 스마트폰 어플을 통한 단어 공부로 시작했다가 일본어가 친숙해지면 그다음에 교재로 넘어가면 된다. 기초가 생겼기 때문에 백지 상태에서 시작하는 일본어 공부보다 훨씬 재밌을 것이다. 일본어 공부를 예시로 든 이유는 내가 이런 식으로 일본어를 공부했기 때문이다. 작은 도전으로 새로운 언어에 대한 호기심, 명랑함이 생기지 않았다면 끝까지 해낼 수 없었다고 생각한다.

8장

"인간은 죽을지는 몰라도 패배할 수는 없으니까."

– 어니스트 헤밍웨이, 『노인과 바다』[10]

어떤 장르의 책을 읽든, 책의 모든 내용을 기억할 필요는 없다. 특히 문학은 더욱 그렇다. 방대한 스토리를 모두 기억하는 건 불가능하다. 나 또한 문학을 읽을 때 모든 내용을 기억하려고 하지 않는다. 내 심금을 울린, 평생 기억하고 싶은 몇 문장만이 남을 뿐이다. 이 장의 제목인 "인간은 죽을지는 몰라도 패배할 수는 없으니까." 역시 그런 문장이다. 우리는 보통 어떤 일의 결과를 성공 혹은 실패로 규정한다. 성공했을 때에는 크게 기뻐하며 축하를 받기도 하지만 실패했을 때에는 쓰라린 슬픔과 위로를 맛보게 된다. 하지만 헤밍웨이는 인간의 생이 끝나는 한이 있더라도 패배라는 건 없다고 이야기한다. 인생에 찾아오는 순간순간의 역경과 실패가 우릴 고되게 할지라도 인간은 절대 패배하지 않는다고 말이다. 그리고 우리에게 전한다. 바다처럼 비에 젖지 않는 인생을 살아가라고. 그 어떤 폭풍우에도 동요하지 않는 바다의 의지와 고요함을 닮으라고.

바다는 자연재해 앞에서도 태연하다. 폭풍이 몰아치든, 지진이 일어나든 바다는 절대 무너지지 않는다. 그저 천연히 바닷속 생물들의 보금자리가 되어줄 뿐이다. 인간은 어떠한가? 가랑비에도 짜증을 내고 젖기 싫어 우산이라는 도구를 쓰는 연약한 존재이다. 무력한 인간은 감정의 파도에 자주 잠기며 감정 앞에서 비굴한 모습을 보일 때도 많다. 나 또한 한 명의 무력한 인간으로서 여러 풍파에 쉽게 휩쓸리곤 한다. 감사한 일상에 싫증이 나 금세 건방져질 때도 있다. 우린 살면서 다양한 감정의 재해를 맛본다. 좌절이라는 우박이 피부를 거칠게 때릴 때도 있고, 사회라는 거대한 먹구름이 개인을 철저히 짓밟으며 피 흘리게 만들기도 한다. 스스로 비를 만들어 자신에게 뿌릴 때도 있다. 타인의 비난보다 때로는 자기 비난이 훨씬 무서운 법이다. 스스로를 폭풍우 속에 가두고 채찍질하는 것은 소수의 경험은 아닐 것이다. 나 또한 부정적인 생각에 빠져 스스로에게 비난을 퍼부은 적이 많다. 중요한 일에 실패했을 때, 사랑하는 사람들의 기대에 부응하지 못했을 때 스스로 심장에 비수를 꽂았다. 그건 단순히 내가 연약한 인간이기 때문만은 아니었다. 바다의 깊이를 이해하지 못하는 사람이기 때문이었다.

  바다는 사람과 다르다. 비바람이 불어도 몸을 떨거나 웅크리지 않는다. 깊은 바다는 고요 그 자체이다. 혹자는 말한다. 상처에 무너지지 않는 강한 사람이 되려면 강인한 자세를 가져야 한다고. 하지만 나는 좀 다르게 생각한다. 강한 사람이 되기 위해서는 강인함으로는 부족하다. 아니 어쩌면 강인함은 필요 없을지도 모른다. 강한 사람을 만드는 건 맷집이 아닌 바다와 같은 깊은 평온함이다. 상처를 받지 않기 위해서는 깊은 마음을 가져야 한다. 모든 사람이 검투사와 같은 강인함을 가지고 살아갈 수는 없지만, 자연의 평온함은 우리 모두가 배울 수 있다. 깊이 있는 마음은 소수만 누릴 수 있는 특권이 아니다.

교육 봉사활동을 하며 만난 한 친구가 있다. 그는 정말 소나무 같은 친구이다. 사시사철 감정의 변화와 동요를 잘 겪지 않는다. 특별히 기쁜 일이 있거나 슬픈 일이 있어도 항상 덤덤하다. 바늘로 팔을 쿡 찔러보면 온수보다는 냉수가 쏟아져 나올 것 같은 친구였다. 하지만 여느 태평해 보이는 사람이 그러하듯이 이 친구도 마음속에 그림자를 가지고 있었다. 쉽게 남들에게 말하기 힘든 상처가 있었다. 하루는 봉사활동이 끝나고 친구와 함께 저녁을 먹는데 이런 이야기를 해주었다. "내가 통제할 수 있는 일은 아무것도 없어. 점심에 김치찌개를 먹을지 된장찌개를 먹을지 결정하는 것 또한 쉽지 않아. 그날 재료가 소진되었는지 남았는지 확신할 방도가 없거든. 그래서 나는 모든 일을 그냥 흘려보내기로 마음먹었어. 그럼 무슨 일이 일어나든 그다지 화가 나지 않아." 친구의 말은 마치 바다가 나에게 들려주는 철학 같았다. 그 말을 듣고 사건 하나하나에 일희일비했던 내 모습이 떠올랐다. 같은 나이였지만 친구는 나보다 20~30년은 앞서 있는 사람 같다는 느낌이 들었다. 그때부터 나도 바다처럼 모든 걸 받아들이기로 결심했다. 화살처럼 날아오는 감정들을 오래 붙잡지 않기로 했다. 그렇게 감정들을 놓아주는 사람이 되려고 노력하니 입에 항상 달게 되는 말이 생겼다. '그럴 수 있지.' 이 말을 자주 하다 보니 주변인들에게 해탈한 거 아니냐는 말을 많이 듣기도 했다. 신기하게도 봉사활동에서 만난 친구도 '그럴 수 있지'라는 말을 정말 좋아했다. 마치 주문을 외는 듯한 문장이다. 내 주변을 통제하려는 욕심에서 벗어나 불 같은 태도를 버리고 물처럼 만물을 대하는 자세. 그건 하나의 마법 같았다.

    바다 같은 친구의 모습을 닮고자 하니 성향도 점차

변해갔다. 이전의 나는 주장과 설득에 굉장히 열심인 사람이었다. 물론 다른 사람들의 의견을 묵살하고 무시하진 않았지만 나와 다른 의견을 가진 사람들을 만나면 항상 설득하고 싶은 욕구가 강했다. 악의는 없었지만, 언제나 내 생각이 훨씬 효율적이라고 주장하며 상대를 설득하고 싶었다. 하지만 사람은 기본적으로 설득보다는 공감을 해주는 사람에게 호의적이다. 주장과 설득에 치우친 내 말과 행동은 사람들을 밀어내는 역효과만 가져왔다. 사실 설득이란 중요한 협상 자리나 토론 자리에서만 유효하게 작동하는 행위이다. 인생은 협상도, 토론도 아니다. 인생은 '그럴 수 있는 것'들로 가득 차 있다. 내가 흘러가는 길과 상대방이 흘러가는 길이 다르다고 해서 상대방의 물꼬를 막고 내 길로 함께 가도록 만들어야 할 필요는 없다. 지금 다시 생각해보면 봉사활동에서 가장 많은 돌봄과 보살핌을 받은 건 나 자신이었다.

인간은 물과도 같은 존재이다. 살다 보면 누군가, 혹은 무언가의 품으로 흘러들어간다. 개인의 가치가 무력하다고 느껴질 정도로 흘러가버릴 때도 있다. 하지만 무력하다는 건 무능하다는 뜻이 아니다. 봉사활동에서 만난 친구의 말처럼 세상은 개인의 통제를 아득히 벗어난 어딘가에서 돌아가고 있다. 개인이 그 거대한 흐름을 거스르는 건 불가능에 가깝다. 무력하지만 유능한 개인은 이 사실을 아주 잘 알고 있다. 그렇기에 세상의 흐름을 거스르기에 앞서 자신의 본질과 뿌리를 이해하고, 더욱 깊이 있는 사람이 되려고 노력한다.

노인과 바다의 투쟁을 통해 헤밍웨이는 인간 정신의 불굴함이 갖는 가치를 보여준다. 노인은 인간의 존엄성과 끈기를 지키며 육지로 돌아온다. 하지만 이것은 노인이 바다와의 사투에서 승리했음을 의미하지 않는다. 애초에 노인은 바다라는 거대한 자연을 이기려고 한 적이 없었기 때문이다. 이는 노인이 가지고 있는 정신의 깊이를 나타낸다. 나 또한 이런 정신의 깊이를 가지려고 항상 노력하지만 노인의 경지에 다다르기 위해서는 오랜 시간이 필요할 것 같다.

그럼에도 하루하루 바다처럼 살아가려는 태도는 언젠가 우리 모두의 정신을 바다처럼 깊게 만들어주리라 믿는다.

9장

"자유가 무엇인가를 뜻한다면,

사람들이 듣기 싫어하는 것을 말할 수

있는 권리이다."

– 조지 오웰, 『1984』 비공식 서문[11]

나에게는 1년에 한두 번 만나는 15년 지기 친구가 있다. 굉장히 오랜 시간을 알고 지내온 친구이지만 가끔 불쾌한 말들을 던질 때가 있다. 특히 나의 단점들에 대해 지적하는 경우가 많다. 그런 말들을 들을 때마다 나를 제대로 인정하지 않는다는 생각이 들곤 했다. 당시에 절교를 하지 않은 게 지금 생각해보면 신기할 따름이다. 하지만 친구는 언제 어디서나 나를 마음속 깊이 인정해주는 사람이었다. 나를 진심으로 생각해주고 아꼈기 때문에 용기내어 쓴소리를 해줄 수 있었다. 항상 같은 곳을 바라보고 같은 것을 좋아하는 친구와의 우정이 진정한 우정이라고 생각했던 내가 어리석었다. 흔히 성격 유형 검사인 MBTI에서 사고형 Thinking에 해당하는 T 유형의 사람들은 주변 사람들로부터 냉정하다는 말을 듣는 경우가 많다. 때로는 공감능력이 없고 오직 자신의 일에만 관심이 있는 사람처럼 비치기도 한다. 나도 T 성향의 사람이지만 이 말을 완전히 부정할 수는 없다. 감정형 Feeling의 성향을 가진 친구들과 내가 많이 다른 것도 사실이고, 다른 사람에게 따뜻한 공감과 위로의 말을 전하려고 하지만 좀처럼 쉽게 되지도 않는다. 하지만 그렇다고 해서 내가 주변 사람들을 단순히 도구로 취급하거나 정성 없이 대하는 것은 아니다. 오히려 공감과 위로의 말을 전할 때 그 말의 무게감을 신중하게 고려한다. 내가 한 말이 빈말로 들리지는 않을지, 내 말이 실제로 상대에게 의미가 있을지 항상 고민한다. 그것이 내 자유와 상대의 자유를 진심으로 존중하는 행위이기 때문이다. 그저 듣기 좋은 말로 상대를 위로하는 건 오히려 상대의 자유를 존중하지 않는 행위가 될 수 있다. 말의 힘은 결코 약하지 않고, 내 말은 상대의 행동과 생각에 제약을 건다. 상대방의 처지를 진지하게 고려하지 않고 내뱉는 말은 어리석은 행동일 수 있기에 내가 상대의 처지를 충분히 이해하지 못한다고 판단되면 쉽게 공감과 위로의 말을 건네지 않는다. 누군가의 눈에는 이것이 공감능력의 결여로 보일 수 있겠다. 하지만 이것만은 명심해주었으면 좋겠다. 과묵한 사람이 입을 열었다는 건, 그만큼 진심을 다하고 있다는 뜻이다.

역사의 거대한 변화를 이끌어온 말들은 모두 '듣기 싫은 말'들이었다. 특히 여성, 흑인 같은 소수자의 인권 성장은 다수의 사람이 듣기 싫어하는 '불편한' 말을 내뱉는 것에서 시작되었다. 사람들은 이들의 말을 좋아하지 않았다. 기득권층은 당연히 그들의 지위와 사상의 영향력을 유지하고 싶어 한다. 유리에 아주 작은 먼지라도 하나 붙어 있으면 당장 치워버리고 싶은 게 기득권층의 마음이다. 인류의 역사에서 기득권층은 기존의 사상과 질서를 유지하려고 안간힘을 썼다. 하지만 현대로 올수록 이들의 힘은 점점 약해져 갔다. 결국 우리는 다양성이 존중받는 시대에서 새로운 규칙과 질서를 쓰고 있다. 탄압이 있어도, 억압이 있어도 지구 곳곳에서 우리는 자유를 마음껏 누리고 있다.

물론 자유라는 가면 뒤에 숨어 혐오적인 표현을 남발해서는 안 된다. 사실 이 말은 중학교 도덕 시간에 배울 만큼 기본적인 이야기라 강조할 필요도 없다. 하지만 혐오표현과 자유의 문제는 결코 간단히 짚고 넘어갈 수 있는 게 아니다. 혐오표현이라는 이유로 개인의 자유를 어디까지 제한할 수 있느냐에 대한 생각은 사람마다 다르다. 이러한 생각은 법이나 제도로 조율할 수도 없다. 혐오표현과 개인의 자유에 대한 기준은 결국 대중들의 건강한 담론을 통해 세워져야 한다. 이상적인 이야기를 늘어놓는 게 아니냐는 비판을 한다면 겸허히 받아들일 수밖에 없다. 하지만 아무리 오랜 시간이 걸리더라도 사회구성원들이 그 기준과 범위를 합의해나가는 것만이 유일한 정답이며, 역사가 그것을 증명하고 있다.

  자유의 특성에 대해서 생각해봐야 할 부분이 하나 더 있다. 바로 자유를 개성 있게 표현하는 방식이다. 개성 있다는 것은 말 그대로 내가 원하는 자유를 나만의 방식으로 표현한다는 뜻이다. 다른 사람의 생각과 슬로건을 그대로 빌려와 내 의사를 표현하는 건 진정한 자유의 실현이 아니다. 앞서 이야기한, 역사의 변화를 이끈 말들은 교과서에 실린 그럴듯한 말들이 아니라 삶의 생생한 현장에서 수많은 경험을 겪어낸 사람들의 개인적인 말들이다. 이런 개성적인 말은 쉽게 흉내 낼 수 없다. 개성적인 말에는 힘이 있고 자유가 있다. 사람의 가치관이 묻어나오는 말에는 신비함이 깃들어 있다. 그렇다면 자기만의 개성 있는 언어로 어떻게 자유를 표현할 수 있을지 의문이 든다. 나만의 말로 내 생각을 전달하기 위해서는 무엇을 해야 한단 말인가? 이 질문에 대해서는 다소 고리타분하지만 단순한 답을 내릴 수밖에 없다. 바로 독서와 글쓰기이다. 말은 단어로 구성된다. 다양하고 색감이 넘치는 단어를 자유자재로 구사하면 큰 설득력을 갖는다. 설득력 있는 말은 타인의 마음을 움직이고 내 생각의 진가를 알아보게 한다. 풍부한 어휘력을 얻기 위해서는 독서가 필수다. 자유뿐만 아니라 다양한 가치들이 본질을 잃어가고 있는 시대에 내 의사를 타인에게 똑 부러지게 전달하는 일은 무척이나 중요하다. 어떻게 보면 독서는 이제 단순한 취미를 넘어서 인간다움을 유지해주는 필수적인 활동일지도 모른다. 독서를 통한 어휘력 증진, 그리고 다채로운 표현에 대한 공부는 모든 직군에서 필요한 역량이다. 단순히 말을 많이 하는 직종에서만 독서가 중요한 것이 아니다. 사람을 상대하지 않는 일은 거의 없기 때문이다. 심지어 가족, 친구, 연인 사이에서 괜한 갈등을 일으키고 싶지 않다면, 말의 뼈대를 잘 세우는 것이 중요하다.

독서와 반드시 함께 가야 하는 친구가 있다. 바로 글쓰기이다. 살다 보면 다들 한 번씩 내 의견을 최대한 분명하고 자세하게 전달한 것 같은데, 상대방이 내 말을 제대로 이해하지 못하는 경험을 한다. 소통의 오류가 계속되면 말을 하고 싶은 마음이 사라지기도 한다. 교육 컨설팅 업계에서 근무할 때 말을 잘하는 사람들의 공통점을 찾은 적이 있다. 독서를 중요시하는 사람들이 많기는 했지만 독서를 하지 않는 사람들도 꽤 있었다. 또 모두가 풍부하고 다채로운 단어를 구사하는 것도 아니었다. 심지어 부정적인 단어, 공격적인 단어로 설득력 있게 파격적인 주장을 하는 사람들이 많았다. 그럼에도 그들이 하는 말은 귀에 쏙쏙 들어왔고, 그들의 주장에 묘하게 홀리는 경우도 있었다. 이렇듯 설득력 있는 말을 자유롭게 하는 사람들의 특징은 꾸준히 글을 쓴다는 것이었다.

글을 쓰는 사람들은 자신의 의견을 정리하고 다듬는 일에 도가 튼 사람들이다. 머릿속에 맴도는 생각들을 글로 잘 정리해두니 남들 앞에서 자신의 의견을 얘기해야 하는 상황에서는 그저 자신이 쓴 글을 복기하기만 하면 충분하다. 나 또한 수년 전부터 블로그에 글을 써오는 중이다. 블로그에 정리한 생각을 말로 해야 할 때는 머리가 마치 컴퓨터처럼 돌아간다. 입력한 값을 그대로 송출하는 기계처럼 막힘없이 말을 이어가는 게 어렵지 않다. 반면 내가 한 번도 글로 정리하지 않은 것에 대해 이야기할 때는 말을 하다 중간에 막힐 때가 있다. 말이란 건 정말 쉬울 때도 있고 현저하게 어려울 때도 있다. 말은 일상적이기에 말에 대한 자유는 언제 어디서나 충분히 누리고 있다는 생각이 든다. 하지만 이 간단한 말조차 진정으로 자유롭게 하기 위해서는 훈련과 연습이 필요하다. 특히 남들이 듣기 싫을 수도 있는 말을 할 때는 말솜씨가 더욱 중요해진다. 다수의 감정을 움직일 수 있는 호소력과 설득력을 가지기 위해서는 정밀한 말하기 기술을 갖추어야 한다. 독서와 글쓰기 없이는 그 어떤 사람도 자유로우면서 기술적인 말하기를 누릴 수 없다.

10장

> "'샤덴프로이데', 즉 남의 불행을 기뻐하는 마음이죠."

— 움베르토 에코, 『제0호』[12]

잘나가는 연예인, 유튜버, 유명인 들이 불미스러운 일로 몰락할 때 우리는 종종 알 수 없는 기쁨을 느낀다. 분명 나랑 상관없는 사람인데, 왜 이런 께름칙한 감정을 느끼는 걸까? 타인의 슬픔을 기뻐하는 일이 잘못되었다는 걸 초등학생들도 잘 안다. 하지만 누군가의 몰락에서 느껴지는 쾌감은 묘한 중독성이 있다. 남의 불행을 보면서 느끼는 즐거움을 독일어로 샤덴프로이데Schadenfreude라고 한다. 이 감정은 인간이라면 자연스럽게 느끼는 감정이다. 항상 선을 베푸는 사람도, 악을 일삼는 사람도 내면 속에 샤덴프로이데를 가지고 있다.

 샤덴프로이데를 제대로 처음 느낀 건 꽤 오래전 일이다. 중학교 시절 시에서 개최한 농구대회에 나간 적이 있다. 우리 팀은 안타깝게 예선에서 떨어져서 본선에 진출할 수 없었다. 하지만 당시 같은 반이었던 친구의 농구 팀은 본선까지 올라갔다. 본선 경기가 시작되자 겉으로는 친구를 응원했지만 속으로는 그렇지 않았다. 친구는 결국 결승에 진출하지 못했다. 경기 이후에 친구를 만났을 때 위로의 말을 건넸지만, 마음속으로는 내가 진출하지 못한 본선에서 친구가 우승을 차지하지 못한 게 한편으론 기뻤다. 하지만 기쁨은 찰나였고 순식간에 부끄러움과 후회라는 감정으로 변했다. '그래도 친구인데 어떻게 이런 생각을 할 수가 있는 거지? 난 어쩌면 인간 쓰레기가 아닐까?' 지금 다시 생각해보면 그날 나는 나의 내면에 숨어 있던, 우리 모두의 내면에 숨은 인간성의 본모습을 마주한 것이었다. 아주 작지만 확실하고 무서운 깨달음을 얻은 순간이었다.

성인이 되어서도 샤덴프로이데는 내 곁을 떠나지 않았다. 대학 생활을 함께 보낸 절친한 선배가 있었다. 선배는 언제나 유능했고 똑똑했다. 내 동기들도 그 선배를 모두 좋아했다. 현자와 그에게 지혜를 묻는 추종자들의 관계처럼 보일 정도로 선배의 말과 행동은 절대적이었다. 성공을 원하는 후배들, 사업을 꿈꾸는 후배들에게는 완벽한 롤모델이었다. 선배는 졸업하자마자 취업에 성공했지만 1년 만에 퇴사하고 스타트업을 시작했다. 하지만 많은 초창기 스타트업이 그러하듯이 선배의 회사도 탄탄대로를 걷지는 못했다. 선배의 실패는 우리에게 엄청난 충격이었다. 선배에 대한 이야기는 무서울 정도로 빨리 사라졌다. 사업에 실패한 선배를 다시 만났을 때에는 이전과 같은 패기와 열정을 찾아보기 어려웠다. 선배의 모습을 보며 나는 알 수 없는 안도감을 느꼈다. 나는 선배처럼 험한 길을 걷지 않았다는 안도감, 평범하게 살고 있는 내가 사실은 정답일 거라는 희망을 느꼈다. 그러나 이 감정은 샤덴프로이데에 불과했다.

내면의 샤덴프로이데를 무시하고 지워버리는 건 불가능하다. 이 감정은 사람으로 태어났다면 누구나 느끼는 것이다. 다른 사람의 슬픔과 고통에서 쾌락을 느끼는 건 분명 불편한 일이다. 하지만 샤덴프로이데는 본질적으로 우리의 비교 본능의 일부이다. 많은 책들은 타인과 나의 삶을 비교하지 말라고 이야기한다. 사람은 모두 평등하고 각자의 재능이 있기 때문에 끊임없는 비교는 우리를 더욱 불행하게 만든다고 한다. 하지만 타인과의 비교를 멈추는 일이 과연 가능할까? 자의 반, 타의 반으로 방대한 정보를 흡수하는 이 시대에 비교를 멈추는 삶은 불가능하다. 본능적으로 우린 나보다 부족한 사람과 잘난 사람을 찾게 된다. 나에게 유용한 자원을 얻기 위해, 나의 생존을 위해 우리 몸은 비교를 부추긴다. 이런 몸이 야속할 때도 있지만 그저 생존을 위해 최선을 다하고 있을 뿐이다. 비교 본능을 제거할 수 없다면, 받아들이는 수밖에 없다. 내가 왜 비교를 하고, 내가 닮고 싶은 사람의 모습은 어떤지 계속 스스로에게 되물어봐야 한다. 그러다 보면 샤덴프로이데는 나를 한 단계 성장시킬 수 있는 무기가 된다. 난 항상 부족함을 느낄 때 타인과 나를 비교했다. 그리고 나보다 실패한 것 같은 사람을 찾아냈다. 자존감이 낮을 때, 성공이 보이지 않을 때, 뒤처져 있다는 느낌이 들 때 그들의 실패에서 희망을 찾으려 한 것이다. 성공을 위해 노력하는 대신에 타인의 실패를 보며 희망을 얻다니, 이보다 역설적인 감정이 존재할 수 있을까? 샤덴프로이데에 대해 알고 난 이후 이 감정이 내 마음속에서 꿈틀댈 때마다 이렇게 생각한다. '내가 정말 이루고 싶은 무언가가 있구나', '이것을 이루기 위해 무엇이든 할 수 있겠다는 의지가 생긴 거구나.'

심리학 용어 중 '투사'라는 개념이 있다. 이는 자신이 받아들이기 어려운 욕망이나 감정을 무의식적으로 다른 사람에게 전가하는 심리적 기제를 뜻한다. 자신이 이루지 못한 욕망을 실현하고 있는 사람을 보며 불편함이나 증오를 느끼는 것도 투사의 한 형태이다. 투사를 일삼는 사람은 자신의 욕망이 좌절된 것을 받아들이지 못하고 타인을 비난하며 편안함을 되찾으려 한다. 샤덴프로이데도 투사와 마찬가지로 타자의 욕망과 성공에 집중하지만 이는 비열한 감정만은 아니다. 왜냐하면 샤덴프로이데는 공감의 시작이 되기도 하기 때문이다. 사람은 모두 나름의 고충과 고민을 안고 살아간다. 샤덴프로이데를 통해 우린 서로의 연약함에 대해 다시 한번 상기하고 인간다움의 본질에 대해 생각할 수 있다. 물론 이 감정을 무조건 합리화하자는 말은 아니다. 샤덴프로이데는 분명 폭력적인 감정으로 변질될 가능성이 있다. 특히 타인의 실패를 보며 비난을 일삼고 익명성에 숨어 악성댓글을 다는 행위는 샤덴프로이데의 치명적인 면을 잘 보여준다. 우리가 해야 할 일은 샤덴프로이데의 본질에 대해 진지하게 생각해보는 것이다. 부끄러운 감정이 느껴질 때 회피하지 말고 그 감정의 시작이 어디인지 살펴봐야 한다.

내가 누군가의 모습에서 샤덴프로이데를 느낀다

는 건 내 모습도 누군가에게 샤덴프로이데를 유발할 수 있다는 말이다. 즉 내가 지금 누리고 있는 것들, 성취한 것들이 나에게는 보잘것없어 보여도 누군가에게는 평생의 꿈이자 간절한 목표일 수 있다. 어쩌면 지금 이 책을 읽고 있는 독자들도 누군가의 롤모델인지도 모른다. 타인의 삶에 방향성과 안도, 위로를 건네고 있는 사람일지도 모른다. 그리고 당신의 실패가 또 누군가의 희망과 기쁨이 될 수도 있다. 조금은 섬뜩한 말일 수도 있지만 난 이것이 감정의 순환이자 삶의 순환이라고 생각한다. 절대적으로 강한 자도, 약한 자도 없다. 모두가 비슷한 감정을 느끼며, 감정의 주인이 그것을 어떻게 통제하는지가 중요하다. 불편하고 더러워 보이는 감정까지 사랑하고 품으려 하는 것이 진심을 다해 인생을 살아가는 태도이다.

11장

"사막이 아름다운 건

어딘가에 우물이 숨어 있기 때문이야."

— 앙투안 드 생텍쥐페리, 『어린 왕자』[13]

동화의 탈을 쓴, 어른들을 위한 작품들이 있다. 생텍쥐페리의 『어린 왕자』가 바로 그 동화 같은 작품 중 하나이다. 어른의 마음을 움직이는 많은 문장들이 등장하지만 그중 최고의 문장은 이 장의 제목이기도 한 "사막이 아름다운 건, 어딘가에 우물이 숨어 있기 때문이야"라고 생각한다. 어딘가에 샘을 숨기고 있기에 사막이 아름다울 수 있다는 말은 무슨 의미일까? 처음 이 문장을 읽었을 때에는 그저 사막 어딘가에 숨어 있는 오아시스를 뜻한다고 생각했다. 하지만 이는 그저 사막과 오아시스의 관계를 말하는 문장이 아니다. 우리의 사막 같은 삶, 그리고 삶 속에 숨어 있는 샘을 이야기하고 있다.

인간이 항상 강직한 정신력을 유지하는 건 불가능하다. 타의 추종을 불허하는 재능을 가진 사람들도 스트레스를 받는다. 나 또한 사막 같은 삶에 지쳐 희망을 버리고 싶었던 때가 있었다. 그럼에도 끝내 희망을 버리지 않는 이유는 인생이라는 사막 속에서 샘을 찾는 즐거움을 놓치고 싶지 않기 때문이다. 샘을 찾는 일은 기다림과 가능성으로 가득하다. 그 과정을 동경하기에 난 절대로 사막을 떠나지 않는다. 어딘가에 나를 기다리고 있을 생명력 넘치는 샘을 그저 찾을 뿐이다. 지금까지 인생에서 찾은 샘들 중 나에게 가장 큰 힘이 되어준 것들은 음악과 음식이다.

2년 전에 안국역 근처에서 LP 음악을 들을 수 있는 카페를 발견했다. 수백 장의 LP로 가득한 카페에서 듣는 음악은 정말 최고였다. 전자기기로는 느낄 수 없는 앤티크한 지직거림과 울림은 LP만이 가진 고유한 매력이었다. 지금도 나는 스트레스가 지나치게 쌓였다는 느낌이 들면 그 카페를 방문한다. 스마트폰을 비행기 모드로 바꾸고 눈을 감은 다음 소파에 편안히 몸을 기댄다. 태어나서 처음으로 들은 LP 음악은 류이치 사카모토의 'Merry Christmas Mr. Lawrence'였다. 가만히 듣고만 있어도 마음이 편해지고 기분이 차분해졌다. 음악을 듣는 시간 동안 내가 한 모든 실수와 부정을 용서받는 기분이 들었다. 음악은 마음의 허전한 부분을 채워준다. 사막 같은 일상이 무의미하다는 생각이 들 때 내일을 힘차게 살아갈 용기를 준다. 다음엔 어떤 음악을 들어볼까 하는 기대감을 선물하기도 한다. 음악은 누구에게나 하나의 샘이 될 수 있다.

좋은 음식도 마찬가지이다. 얼마 전 연남동에서 수플레라는 디저트를 처음 먹어보았다. 평소 녹차를 좋아하기에 녹차 수플레를 주문했다. 포슬포슬한 수플레 위에 진한 녹차 크림이 올라간 녹차 수플레를 받자마자 입에 침이 고였다. 한입 먹는 순간 악마와 거래를 한 듯한 달콤함이 입안 가득 퍼졌다. 매일 이런 음식을 먹는다면 수명이 반의 반으로 줄겠지만 어떻게 되든 상관없지 않을까 하는 마음이 들 정도였다. 다음에는 어떤 디저트를 먹어볼까, 또 어떤 디저트가 나에게 달콤함을 속삭일까, 이 글을 쓰면서도 기대감을 감출 수 없다.

 이처럼 인생의 샘이란 거창한 꿈도, 대단한 사람의 응원도 아니다. 우연히 발견한 음악, 우연히 맛본 음식처럼 아주 사소한 것들이다. 사소한 만남과 순간이 샘을 만든다는 걸 깨닫게 되는 순간, 삶을 포기하고 싶다는 생각은 연기처럼 사라진다. 때로 모든 걸 포기하고 싶다는 생각이 드는 건 인생에 샘이 없기 때문이다. 물론 황량한 사막에서 샘을 찾는 건 아주 어려운 일이다. 꿈을 향해 노력하다 포기하는 사람, 인간관계에서 상처를 받은 사람, 감정에 무뎌진 사람은 나약한 사람이 아니다. 나약했다면 시작조차 하지 않았을 테니까. 그저 깊이 숨어 있는 샘이 세상에 존재하지 않는다고 느끼는 상태에 놓였을 뿐이다. 샘을 찾았다고 해서 성공한 것도, 끝난 것도 아니다. 샘은 항상 한곳에 머물러 있지 않다. 가끔 샘이 다 말라버릴 때도 있다. 그럴 때는 또 새로운 샘을 찾아 모험을 떠나야 한다. 새로운 샘을 찾아내기 위해서는 처음 샘을 찾을 때의 그 마음가짐과 설렘을 유지해야 한다.

요즘 주변 사람들과 함께 이야기를 하다 보면 "행복이 멀리 있는 것 같아요", "왜 나만 지금 불행한 건지 이해가 잘 되지 않아요"라는 고민을 자주 듣는다. 이런 고민에 "행복은 멀리 있는 것이 아니고 가까이에 있으니 주변을 잘 살펴봐라"라고 무난한 답을 주고 싶지는 않다. 행복에 대한 내 나름의 생각은 앞에서 말한 샘과도 같다. 샘은 멀리에 있을 수도 있고 가까이에 있을 수도 있다. 샘은 내일 찾아올 수도 있고 1년 뒤, 10년 뒤에 찾아올 수도 있다. 특히 행복에 대해 이야기하는 20대들은 청춘의 시기에 큰 행복을 누리고 싶어 한다. 젊은 세대는 항상 20대의 청춘을 동경한다. 좋은 대학에만 가면, 좋은 직장에만 들어가면 행복해질 거라는 기성세대의 말 때문에 갖게 된

기대일지도 모른다. 하지만 난 20대가 꼭 청춘이 될 거라고 생각하지 않는다. 이 글을 쓰는 나 또한 20대이지만 20대가 청춘이라는 말에는 큰 회의감을 갖고 있다. 어째서 20대가 청춘이어야 한단 말인가? 누군가에게 20대는 생계의 고난을 겪는 시기일 수도 있고, 또 다른 누군가는 실패의 그늘에서 허우적거리며 20대를 보낼 수도 있다. 이들의 인생을 '아프니까 청춘이다'라는 말로 정당화하고 싶지는 않다. 업에서의 실패, 연애에서의 실패, 취업에서의 실패, 인간관계에서의 실패······. 20대에 겪을 수 있는 다양한 실패는 뼈저리게 아프고 슬픈 일이다. 밝은 내일이 보이지 않을 때 내 청춘은 왜 이런 걸까, 스스로 자책하게 된다. 하지만 인생의 샘이 꼭 20대일 필요는 없다. 누군가의 청춘은 40대가 될 수도, 50대가 될 수도 있다. 남자의 전성기는 30대이고 여자의 전성기는 20대라는 말에 휘둘릴 필요도 없다. 누구누구는 그렇다더라, 통계자료가 어떻다더라와 같은 말은 결코 귀기울여 들을 가치가 없는 말들이다. 방대한 데이터 속 숫자들은 그저 숫자일 뿐이다. 수십억, 수백억 개의 데이터라 할지라도 온 우주에 오직 하나뿐인 '나'라는 존재를 설명해주지는 못한다. 나에 대한 온전한 설명과 이해는 오직 나만이 할 수 있다. 누군가 당신에게 너의 샘은 어디 있냐고 묻는다면 그 어떤 부끄럼도 없이 아직 찾지 못했다고 답하면 그만이다.

2년 전 여름, 가수 싸이의 '흠뻑쇼'를 다녀왔다. 공연이 무르익을 즈음 싸이는 이런 말을 했다. "지금 이곳에서 여러분들과 함께 땀 흘리는 이 순간이 바로 제 전성기입니다!" 이 말을 듣는 순간 물대포로 머리를 한 대 맞은 듯한 느낌이 들었다. 싸이의 전성기는 당연히 '강남스타일'을 발표한 2012년이라고 생각한 내가 부끄러워졌다. 싸이가 가수로서 가장 큰 음악적 성과를 낸 건 분명 '강남스타일'의 인기가 한창이었을 때다. 하지만 그건 어디까지나 박재상(가수 싸이의 본명)이라는 사람을 가수로만 해석했을 때의 이야기이다. 한 명의 사람으로서, 춤과 노래를 좋아하는 한 인간으로서 박재상이라는 사람의 전성기는 2012년

도에 머물러 있지 않았다. 오히려 싸이 스스로는 '강남스타일'의 인기가 최고조였던 시기를 전성기라고 생각하지 않았을지도 모른다. 톱스타들의 생활에는 어두운 이면도 자리하고 있기 때문이다. 우리도 마찬가지이다. 청춘이란 말은 그저 하나의 단어, 하나의 샘에 불과하다. 누군가는 그 샘을 20대에 찾지만 또 다른 누군가는 중년, 노년기에 찾기도 한다. 우리가 할 수 있는 일은 샘에 대한 희망과 믿음을 저버리지 않는 것뿐이다. 타인의 말에 사로잡히지 않고 나만의 샘을 찾으러 나서면 된다. 목이 말라 쓰러지기 직전, 고개를 조금만 들어올리면 눈앞에 샘이 보일지도 모르니 말이다.

12장

"인간은 간혹 충족할 수 있을지 없을지 모르는

욕망을 위해 일생을 바쳐버리기도 한다."

– 아쿠타가와 류노스케, 「마죽」[14]

일본 근대문학의 거장인 아쿠타가와 류노스케는 그의 단편소설 「마죽」에서 인간 욕망의 독특한 사실 하나를 알려준다. 이 소설에는 '고이'라는 한 군인이 등장한다. 이 군인의 소원은 참마죽을 배 터질 때까지 먹는 것이다. 고이가 살았던 시대에 참마죽은 귀족들이 먹을 수 있는 귀한 음식이었고, 고이와 같은 하급 군인은 잔칫날에 한 그릇 정도 얻어먹는 게 전부였다. 그러던 어느 날 고이에게 참마죽을 원없이 먹을 기회가 찾아왔다. 한 귀족이 자신의 집에 그를 초대한 것이다. 고이는 처음에는 무척 기뻐하지만 얼마 지나지 않아 그의 기쁨은 점차 사라진다. 참마죽을 먹으러 귀족의 집에 도착했을 때는 참마죽을 먹고자 하는 생각이 거의 없어지다시피 한다. 그리고 자신에게 귀한 기회를 준 귀족에게 양해를 구한 후 집을 나선다. 고이는 그 집을 떠나며 알 수 없는 안도감과 해방감을 느끼고 그렇게 소설은 끝이 난다. 고이는 어째서 자신이 그토록 바라던 참마죽을 거절한 것일까? 평생을 욕망하던 참마죽을 거절한 고이의 마음에서는 도대체 무슨 일이 일어난 걸까?

우리는 모두 가슴속에 크고 작은 욕망을 품고 산다. 서울에 있는 근사한 집을 사고 싶어 하는 사람도 있고, 값비싼 외제차를 타고 싶어 하는 사람도 있다. 사회에서 높은 위치에 올라 명예를 얻고자 하는 사람도 있다. 그 욕망이 언제 채워질지는 아무도 모른다. 언젠가 이루어졌으면 하는 바람을 가지고 하루하루 살아갈 뿐이다. 하지만 그 욕망은 과연 우리가 진심으로 원하는 것일까? 언젠가 채워지기를 바라는 욕망이 우리를 대표할 수 있는 것인지 질문을 던지지 않을 수 없다. 이 질문은 고이가 참마죽을 거절한 이유와도 연결된다. 고이는 참마죽을 원없이 먹을 기회를 얻게 된 후 얼마 지나지 않아 삶의 의욕을 크게 잃어버린다. 꿈에도 나오던 참마죽은 고이에게 더 이상 매력적인 음식도, 삶의 목표도 아니게 되었다. 고이가 진심으로 욕망하던 것은 참마죽이 아니었기 때문이다. 하급 군인으로서 무시당하는 삶 속에서도 무언가를 욕망하며 살아가는 자기 자신 자체가 그의 욕망이었다.

고이는 외적으로 추하다는 평가를 받는 인물이었다. '딸기코 고이'라는 별명을 가진 그는 출세, 성공과는 거리가 먼 사람이었다. 하지만 그럼에도 의욕적으로 살아가는 것을 포기하지 않았다. 참마죽은 그에게 의욕을 불러일으키고 욕망하는 법을 알려준 음식이었다. 그렇게 고이는 목표를 가진 인간이 된 것이다. 하지만 고이의 궁극적 목적은 참마죽이 아니라, 비참한 현실에서도 포기하지 않고 꿋꿋이 꿈꾸며 살아가는 자신의 모습이었다. 쉽게 참마죽을 먹게 된 현실이 그에게는 오히려 불행이었다. 그토록 원하던 목표를 그 어떤 노력도 없이 일순간에 쟁취해버렸으니 목표가 순식간에 사라진 것이다. 참마죽을 원없이 먹어버리면 고이에게 더 이상 삶의 열정은 존재하지 않게 된다. 열심히 살아갈 이유가 없어진다. 그래서 고이는 귀족이 건넨 꿈 같은 기회를 뒤로한 채 현실로 돌아온다. 누군가의 선심 하나로 자신의 열정, 목적을 잃어버릴 위험에서 빠져나온 고이의 마음은 한결 가벼워진다.

  고이가 느꼈던 감정을 나 또한 얼마 전 경험했다. 나는 2024년 3월부터 '책식밥상'이라는 북스타그램을 운영하고 있다. 인플루언서에 대한 동경이 계정을 운영하게 된 계기였다. 2025년 상반기 안으로 4만 명의 팔로워를 모으는 것을 목표로 삼았다. 계정 운영을 시작하던 당시 내가 가장 좋아하던 채널이 약 4만 명의 팔로워를 보유하기 있었기 때문이었다. 일주일에 세 번씩 꾸준히 릴스와 게시글을 올리며 팔로워들을 모았다. 밤을 새우며 콘텐츠를 기획하기도 하고, '떡상' 콘텐츠를 만들기 위해 마케팅 관련 공부도 빼먹지 않고 열정을 불태웠다. 정말 운이 좋게도 많은 사람들이 내 콘텐츠를 좋아해주었고, 팔로워 4만이라는 목표에 매일매일 조금씩 가까워질 수 있었다.

마침내 2025년 4월, 정확히 1년 만에 팔로워 4만 명을 모으게 되었다. 하지만 그 기쁨은 그리 오래 가지 않았다. 그건 아마 내가 그토록 바라던 목표가 내 일상을 크게 바꾸지 않았기 때문일 것이다. 내가 원하는 목표를 달성했다고 해서 일상이 반드시 드라마틱하게 변하지는 않는다. 사람은 자신의 목표를 타인의 목표에 비해 과대평가하는 경향이 있다. 그렇기에 자신이 추구하는 목표를 달성했을 때 주변의 변화가 미미하다면 무력감을 느끼기 쉽다. 팔로워 4만이라는 목표를 달성하기 전에는 내가 거대한 목표를 향해 달려가고 있다고 생각했다. 하지만 목표를 달성하고 난 뒤의 현실이 내 성에 차지 않았던 것이다. '이제 앞으로는 뭘 해야 하지?', '다음 목표는 어떤 걸로 잡아야 하지?'와 같은 질문들이 오히려 나를 옥죄는 느낌이 들었다. 그토록 원하던 목표가 기대만큼 만족감을 주지 않자 목표를 세운 과거의 내가 미워지는 순간도 있었다. 하지만 고이가 그랬듯이 내가 진정으로 추구하는 목표는 팔로워 숫자가 아니었다. 팔로워를 모아야 한다는 것은 피상적인 목표였을 뿐, 내가 진정으로 원하는 건 따로 있었다. 그것은 바로 가장 소중한 친구라고 할 수 있는 책을 많은 사람들에게 알리는 일이었다. 그럴 수만 있다면 무슨 일이든 기쁘게 할 수 있다고 생각했다. 좋은 책을 알리는 일에 인스타그램의 팔로워 수는 중요하지 않다. 내가 책에 대해 느끼는 감정, 그리고 나의 경험들을 진솔하게 전달하는 것이 훨씬 중요하다. 진정한 욕망과 목표에 대해 정리하니 앞으로 해야 할 일들이 명확하게 보였다.

살다 보면 흔히들 얘기하는 '현타'(현실 자각 타임의 준말)가 올 때가 많다. 과도한 업무를 하다 보면 만나게 되는 현타는 적당한 휴식을 통해 해결할 수 있다. 취미활동을 즐기거나 에너지와 열정을 주유해줄 수 있는 오락거리를 찾으면 업무에서 오는 그밖의 현타들도 금방 해소할 수 있다. 하지만 욕망을 충족했을 때 오는 현타는 해소하기 쉽지 않다. 분명 즐거운 일을 하고 있는데, 분명 뿌듯함을 느낄 만한 일을 하고 있는데 현타가 찾아올 때가 있다. 이때 필요한 것은 휴식이나 오락이 아니라 내 진정한 욕망과 마주하는 시간을 갖는 것이다.

우리가 스스로의 욕망과 마주할 일은 거의 없다. 돈을 많이 벌고 싶다, 로또에 당첨되고 싶다고 이야기하는 사람들은 많지만, 정작 큰 돈이 생기면 무엇을 할지 구체적인 계획을 가진 사람들은 많이 보지 못했다. 큰돈이 생기면 무엇을 하고 싶냐는 질문에 대다수의 사람들은 얼버무리거나 좋은 집과 차를 사고 싶다고 답한다. 퇴사를 할 것이라 말하지만 퇴사 후 무슨 활동을 하며 시간을 보낼지에 대해서는 다들 진지하게 고민하지 않는다. 생각해보면 돈을 많이 벌고 싶다는 건 제대로 된 욕망이자 목표라고 할 수 없다. 결국 돈은 수단이고 돈으로 소비하는 경험과 물질이 우리의 욕망이기 때문이다. 그렇기 때문에 우리는 항상 마음속 진짜 욕망을 잊지 말고 살아가야 한다. 욕망을 잊고 살아가다 보면 그저 돈을 많이 버는 것, 성공하는 것이 인생의 목표가 되어버린다.

지인 중에 칵테일을 정말 좋아하는 사람이 있다. 이 친구의 목표는 칵테일 바를 차리는 것이다. 목표가 생기자마자 친구가 가장 먼저 한 일은 칵테일 바를 차리기 위해 필요한 예산을 짜는 것이었다. 그리고 그 예산을 마련하기 위해 돈을 모으고 투자를 시작했다. 현재 계획으로는 약 3년 뒤면 개업할 수 있다고 한다. 만약 이 친구가 그저 막연하게 '아 돈을 많이 벌고 싶다. 돈이 많으면 서울 여기저기에 내가 원하는 칵테일 바를 차릴 수 있을 텐데……'라고 생각했다면 과연 칵테일 바를 개업할 수 있을까? 아마 정말 어려울 것이다. 왜냐하면 단순히 돈을 많이 버는 것은 친구의 진정한 욕망이 아니기 때문이다. 친구는 돈이 많으면 우리가 원하는 욕망을 하나하나 해결할 수 있다는 착각에 빠지지 않았다. 내면의 진정한 욕망을 마주하고 그 욕망을 실현하기 위해 돈을 수단으로 잘 활용했을 뿐이다.

진정한 욕망과 조우하는 일은 쉬운 일이 아니다. 프랑스의 심리학자 자크 라캉은 인간의 욕망에 대해 이렇게 이야기한다. '인간은 타자의 욕망을 욕망하는 존재이다.' 이 말은 무엇을 뜻하는가? 우리가 자유의지를 가지고 결정한 욕망이 사실은 내 진정한 욕망이 아닐 수도 있다는 의미이다. 공무원 시험 열풍이 불 때 많은 취준생들이 '어? 나도 공무원 시험 준비해볼까? 나랑 잘 맞을 것 같은데?'라고 생각하며 시험을 준비하기도 했다. 코로나 시국 때 주식투자가 유행처럼 번지며 사람들은 너 나 할 것 없이 용감하게 주식시장에 뛰어들었다. 하지만 공무원을 하고 싶은 욕망, 투자로 돈을 벌고 싶은 욕망은 모두 개인의 자발적인 욕망이라고 보기는 어렵다. 주변 사람들이 하니까, 다른 사람들이 가지고 있는 것이 좋아 보이기 때문에 시도하는 것에 가깝다. 물론 사회로부터, 타자로부터 그 어떤 영향도 받지 않고 독단적인 결정을 내리는 건 불가능한 일이다. 하지만 고이가 결국 진정한 욕망을 찾았듯 우린 항상 남들이 생각하기에 좋은 목표가 아닌, 내가 생각하기에 만족스럽고 올바른 욕망을 찾아야만 한다. 그런 나의 욕망을 분명 비웃고 괄시하는 사람들이 나타날 것이다. 그러나 만약 당신이 남부끄럽지 않게, 떳떳하게 스스로의 욕망을 결정하는 사람이라면 그러한 비웃음에 흔들릴 필요가 없다. 내 친구가 칵테일 바를 차리기 위해 열심히 일하는 것처럼, 당신이 포기하지 않고 꾸준히 나아간다면 언젠가는 당신을 비웃는 사람이 당신의 모습에서 희망과 용기를 얻을지도 모른다.

13장

> "소선小善은 대악大惡과 닮아 있고,
>
> 대선大善은 비정非情과 닮아 있다."

– 이나모리 가즈오, 전 JAL 회장

권선징악勸善懲惡이라는 사자성어가 있다. 착한 것은 권하고 악한 것은 벌한다는 의미로, 언제 어디서나 선을 우선해야 하고 악은 항상 나쁜 것으로 여겨야 한다는 일종의 진리이다. 하지만 일본에서 '경영의 신'이라 불리던 이나모리 회장의 말은 다르다. 그는 소선을 대악이라 하고, 대선을 비정이라 말한다. 선과 악이 서로를 닮았다니, 도대체 이 말은 무슨 뜻일까? 그것보다 자기계발서도 아닌 이 책에 경영의 신 이야기는 왜 나오는 건지 의문인 독자들도 있을 것이다. 하지만 경영과 인문은 떼어놓을 수 없는 사이다. 경영의 언어는 수학이지만, 경영의 정신은 인문학이기 때문이다. 이나모리 회장의 말은 자세히 살펴볼수록 사회의 내면을 정확하게 꿰뚫는다.

소선은 누구나 행하기 쉽다. 소선은 말 그대로 작은 선으로 작은 배려와 관심, 사랑 등이 이에 해당한다. 배려와 관심 같은 공감의 감정들은 우리에게 반드시 필요하다. 하지만 우리는 가끔 선이라는 가면을 쓰고 무언가를 회피하려 들 때가 있다. 지금의 달콤함을 위해, 당장의 안도를 위해 작은 선을 베푸는 것이다. 이것은 임시방편에 불과하다. 이러한 작은 선이 계속되다 보면 결국 언제가 커다란 해악을 가져올 수밖에 없다. 우린 이런 모습을 직장에서 어렵지 않게 볼 수 있다. 실수가 많은 부하 직원에게 유독 잔소리를 하지 않는 상사들이 있다. 퇴사를 할까 봐, 괜히 상처를 받고 분란을 일으킬까 봐 지적을 피하는 이들은 결코 좋은 상사가 아니다. 그의 무른 태도로 인해 다른 팀원의 부담이 늘어나기 때문이다. 좋은 상사가 되고 싶었던 사람은 졸지에 다른 팀원에게 짐을 떠넘기는 무책임한 사람이 되어버리고 만다. 상사가 베푸는 작은 선을 모른 척하고 넘어갔던 팀원들마저 공범이 될 수도 있다. 이것이 바로 작은 선이 가지고 있는 파괴적인 힘이다. 침묵 속에서 이루어지는 붕괴는 눈치채기 어렵다.

반대로 대선은 냉혹하고 무자비해 보일 때가 많다. 대선은 감정적인 이유로 이루어지지 않는다. 즉 상대적으로 감정을 최대한 배제하고 내리는 판단이 대선이라고 할 수 있다. 당장 불편함이 생기더라도 미래의 결과를 내다보고 행동하는 것이 대선이다. 순간적으로 일어나는 불편함과 갈등 때문에 사람들은 대선을 기피하는 경향이 있다. 하지만 대선은 결코 냉정함만으로 이루어진 행위가 아니다. 오히려 소선만큼, 아니 소선보다 더 큰 다정함과 연민에서 우러나오는 행동이다. 대선은 상대가 느낄 모든 고통과 연민을 충분히 고려한 끝에 행해질 수 있다. 나는 스무 살 때부터 지금까지 수십 명의 학생들을 과외로 가르

쳐왔다. 학원조교로 일하며 만났던 학생들을 포함하면 아마 수백 명은 될 것이다. 학생들이 젊은 선생님들에게 가장 기대하는 것은 진로에 대한 고민을 나누고 효율적으로 공부할 수 있는 방법을 배우는 일이다. 나와 학원에서 같이 일하는 동료들은 고등학생들에게 상처를 주고 싶지 않아 따끔한 충고와 조언보다는 용기와 열정을 불어넣는 말을 자주 해주었다. 하지만 나는 달랐다. 열정 하나만으로는 이루어내기 쉽지 않기 때문에 개개인의 장단점을 파악하고 구체적이고 치밀한 계획을 세우는 것이 훨씬 중요하다고 이야기했다. 자신 없는 분야는 빠르게 포기하고 차선을 노려야 한다는 말도 덧붙였다. 내 이야기를 들은 학생들은 내가 말을 심하게 한다고 투덜댔다. 점차 나에게 말을 거는 학생도, 질문을 하는 학생도 줄어들었다. 물론 나도 처음부터 냉정한 말을 하고 싶지는 않았다. 좋은 선배이자 선생으로서 학생들에게 좋은 반응과 감정을 얻고 싶은 마음도 컸다. 하지만 대선은 이러한 바람을 넘어서야 실천할 수 있는, 용기가 필요한 일이다. 학생들의 꿈을 꺾는 것이 아니라 제대로 꽃을 피워주고 싶다면, 내 이야기는 꼭 필요했다고 생각한다. 중요한 건 이 용기는 결국 언젠가 인정을 받는다는 것이다. 학년이 올라가며 여러 번의 시험을 치른 학생들은 내가 한 이야기의 뜻을 조금씩 이해하기 시작했다고 전해왔다. 수능이 끝나고 나를 찾아와 선생님의 말이 정말 큰 용기가 되었다는 말을 해주는 친구도 있었다. 비정하고 차가워 보이던 내 대선을 결국 이해해준 친구들을 보며 지금도 뿌듯하고 보람찬 마음을 느끼고 있다.

사회에서 만날 수 있는 많은 리더 중에는 악처럼 보이는 대선을 행하는 이들이 있다. 때로는 기업에서 정리해고와 구조조정을 감행하며 많은 사람들의 뭇매를 맞을 때도 있다. 하지만 우리가 항상 명심해야 할 것은 이들이 사이코패스라서 그런 냉철한 결정을 내리는 것이 아니라는 사실이다. 그들에게도 정리해고와 구조조정은 감정적으로 힘든 선택일 수 있다. 그럼에도 조직이 무너져내리는 것을 막기 위해 결단을 내리는 것이다. 물론 모든 리더들이 냉철하고 유능한 판단을 내리는 건 아니다. 다만 리더들의 불만스러운 결단을 마주했을 때 무조건적으로 반대를 표하지 않고 그의 속내를 한 번쯤 생각해보는 건 정말 중요한 일이다. 그의 결단에 잠재된 대선은 무엇인지, 그가 그렇게 행동하지 않았다면 어떤 악이 찾아왔을지 고민하는 일은 반드시 필요하다. 대다수의 사람이 리더의 자리에 있지 않기 때문에 더더욱 이런 고민은 중요하다.

그렇다면 리더의 위치가 아닌, 일상에서 차가운 말을 해야 하는 상황에서는 어떻게 해야 할까? 소선을 피하고 대선을 이루고자 배짱 있는 태도를 취했을 때 낭패를 보는 경우도 적지 않다. 책임감을 가지고 피드백을 했으나 차가운 반응이 되돌아올 수 있다. 너만큼은 믿었는데, 너는 친구라고 생각했는데 등등의 답을 듣게 되면 용기 내어 말한 사람의 입장이 난처해진다. 말을 건넨 사람이 더 큰 상처를 받기도 한다. 따라서 항상 말을 시작하기 전에 상대방에 대해 먼저 파악할 필요가 있다. 아무에게나 무턱대고 정의를 실현한다는 마음으로 하고 싶은 말을 마구 던져서는 안 된다. 말의 의미는 언제나 건네는 사람이 아닌, 그 말을 받아들이는 사람에게 달려 있기 때문이다. 때론 진심이 그 무엇보다도 큰 상처를 줄 수 있다. 좋은 말, 선한 말이란 이처럼 쉽게 정의내리기 어렵다. 지금까지 계속 대선을 강조했지만, 사실 언제 어디서나 대선이 항상 정답인 것도 아니다. 어떤 상황에서는 소선의 따뜻함과 상냥함이 큰 힘을 발휘할 때도 있다. 그럼에도 "소선은 대악과 닮아 있고, 대선은 비정과 닮아 있다"는 말은 진정한 선에 대해 다양한 질문을 던진다. 그리고 이러한 질문에 진지하게 고민하는 인간이 바로 인문학 인간이다. 항상 딜레마에 부딪히고 책임감을 시험받지만 그 속에서 자신의 선택을 떳떳하게 증명해내는 사람, 그런 사람이야말로 선한 인간이라고 할 수 있다.

14장

"서로 사랑하고 그 사랑의 감정을 기억할 수 있는 한, 우리는 우리를 기억하는 사람들의 마음속에 잊히지 않고 죽을 수 있네."

– 미치 앨봄, 『모리와 함께한 화요일』[15]

죽음을 두려워하지 않는 사람은 많지 않다. 탄탄한 근육을 가지고 있어도, 천문학적인 재산을 가지고 있어도 죽음은 두려운 일이다. 그 누구도 죽음을 피할 수 없다는 점에서 더욱 그렇다. 하지만 죽음보다 더 두려운 것이 있다면 그것은 아마 무의미한 삶일 것이다. 살아가면서 내가 남긴 모든 것들이 아무런 의미가 없다면, 그건 죽음보다 무서운 일이 아닐까? 미치 앨봄의 『모리와 함께한 화요일』에 등장하는 교수 모리 슈워츠는 이 사실을 아주 잘 알고 있었다. 그는 죽음보다도 자신이 남긴 것들이 아무런 의미를 가지지 못하는 것을 더욱 두려워했다. 인간이 느낄 수 있는 근원적인 공포를 냉철하게 짚어낸 것이다. 소중한 인생이 먼지처럼 사라지는 것, 이것은 단순히 끝을 의미하지 않는다. 아무것도 남기지 못한 채 사람들의 기억 속에서 사라지는 건 우리 모두가 마음 깊이 느끼고 있는 두려움이다. 모리 교수는 병상에 누워서도 자신이 살아온 인생을 끊임없이 되짚는다. 죽음은 그의 관심사가 아니었기에 그는 오히려 죽음에 대해서는 초연한 자세를 유지한다. 지나온 인생에 대한 고민은 누군가의 특별한 경험이 아니라 우리 모두가 하는 고민이다. 결국 우리는 모두 이 질문에 답을 해야 한다.

'나는 이 세상에 무엇을 남길 수 있는가?'

위대한 예술가들을 다룬 책들이 공통적으로 다루는 주제는 바로 예술가들이 후대에 무엇을 남기고 싶어 했는가이다. 역사에 남는 음악, 소설, 미술작품에는 모두 후대에 대한 예술가의 진실된 태도가 담겨

아놀드 뵈클린, 〈바이올린을 연주하는 해골이 있는 자화상〉, 1872

있다. 그들의 작품은 인문학적 태도를 바탕으로 인간에 대한 사랑과 진심을 담아낸다. 그렇기에 생전에 유명하지 않던 예술가의 작품이 후대의 인류에게 지대한 영향을 미치는 것이다. 위의 그림은 스위스 화가인 아놀드 뵈클린이 그린 〈바이올린을 연주하는 해골이 있는 자화상〉이라는 작품이다. 언제 찾아올지 모르는 죽음의 공포, 인생의 무상함을 긴장된 분위기로 담아낸 이 작품은 내 핸드폰의 배경화면이기도 하다. 언제 어디서나 죽음은 내 곁에 있다는 생각을 하게 해준 이 작품은 나에게 있어 하나의 각성제이다. 19세기의 유럽 화가가 200년이 지난 21세기의 한 동양인에게 영향을 준다는 건 엄청난 일이다. 사후 200년이 지났음에도 화가의 이름과 영향력이 건재하다는 것을 보여주기 때문이다. 막대한 부를 이뤘으나 쉽게 잊힌 사람들과 다르게, 나를 감동시킨 이 스위스 화가가 이 글을 통해 더 많은 한국인들에게 알려지기를 바란다. 예술처럼 인간의 감정을 탐구하는 인문학의 유산들은 인문학도와 예술가의 죽음 이후에도 쉽게 사라지지 않는다.

내가 글을 쓰는 이유도 마찬가지이다. 나는 훌륭한 사람도 아니고 인류를 구원할 영웅도 아니다. 그런 내가 글을 쓰는 까닭은 그럼에도 내 글은 가치가 있다고 믿기 때문이다. 적어도 소수의 사람들에게는 가치가 있는 글이 될 것이라 믿는다. 수만 명의 인생을 바꾸는 글이 되지는 못하더라도, 수십 명의 사람들에게 의미 있는 글로 남는다면 그것으로 충분하다. 내가 세상에서 없어지더라도 나의 글이 사람들의 인생에 도움이 된다면 그보다 큰 기쁨은 없을 것이다. 심리학은 말한다. 사람이 가장 빠르고 확실하게 행복을 누릴 수 있는 법은 타인을 기쁘게 하는 것이라고. 글로 사람을 기쁘게 할 수 있는 기회가 나에게 오기를 간절히 바랄 뿐이다.

이 책을 읽는 독자들 모두가 세상을 구하는 영웅이 될 수는 없다. 물론 수천 명 앞에서 강연을 하고, 수백억 원을 벌며 성공을 누리는 사람도 있겠지만 대부분의 사람들은 화려하지 않은 삶을 살며 세상과 적당한 거리를 두고 살아간다. 인생의 의미는 화려함과 겉치장으로 결정되지 않는다. 삶은 원대한 목표와 꿈만으로 설명되지 않는다. 무탈하게 보낸 소중한 하루, 오랜만에 만난 친구와의 즐거운 담소, 좋아하는 식당에서 함께하는 가족들과의 식사가 우리의 일상을 이룬다. 삶이라는 거대한 생명을 유지하기 위한 필수적인 영양분들이다. 임종을 앞둔 사람들은 모두 기억하고 있는 것에 관해 이야기한다. 그리고 그 기억에 대한 후회, 미련, 슬픔, 감동 등이 그들의 마지막 기억이 된다. 우리 모두는 죽는다. 죽음 앞에서 그 어떤 물질도 강력할 수 없다. 최후의 순간에 우리 곁에 남는 건 기억뿐이다. 죽음 이후에도 기억이 살아 숨쉬기 위해서는 인간에 대한 존중과 사랑이 필요하다. 소중한 기억들은 순간순간의 선택이 결정한다. 타인을 위한 작은 양보와 배려 같은 사소한 선택들도 기억의 형성에 큰 영향을 준다.

마광수 교수의 『인간에 대하여』는 인간 존재의 본질에 대해 질문을 던지는 책이다. 책에는 이런 구절이 나온다. "삼국지에는 수천 명의 병사들이 등장하지만 우리가 기억하고 있는 인물은 몇몇의 장군들뿐이다." 전쟁의 승리를 위해 장군뿐 아니라 병사들 역시 죽을힘을 다해 싸웠을 것이다. 하지만 사람들이 기억하는 건 군대를 이끈 장군들이다. 그렇다면 병사들은 쓸모없는 삶을 산 것일까? 그건 아니라고 생각한다. 다만 장군이든 병사이든 승리에 눈이 멀어 주변 사람들에게 애정을 쏟고 마음을 전하는 일에 소홀했다면, 그것만큼은 정말 아쉬운 일일 것이다. 물론 사랑하는 가족들을 지키기 위해 전쟁에 참여하는 것이 상황에 따라 필수적인 일일 수 있다. 하지만 영광스러운 죽음만이 삶의 최후의 성과라고 생각했다면, 과연 그 태도가 정말 바람직한 것인지에 대해서는 생각해볼 필요가 있다. 굳이 역사에 이름을 남기지 않더라도 우린 누군가의 글 속에서, 기억 속에서 살아갈 수 있다. 결국 중요한 건 누구에게 의미 있는 흔적을 남기는가의 문제다. 사랑하는 사람과 마지막 순간까지 대화를 나누고 진심 어린 생각을 주고받는 것, 그것이야말로 충만한 인생의 마침표가 아닐까?

모리 교수는 우리와 마찬가지로 최후의 순간에 죽음보다 사람들의 기억 속에서 지워지는 것을 두려워했다. 인간의 본질적 두려움을 이해한 모리 교수는 더 이상 세상에 없지만 우린 지금도 그의 말과 행동을 기억하고 있다. 지금은 클리셰가 되어버린, 유치한 애니메이션의 대사가 있다. 바로 2007년에 나온 애니메이션 〈천원돌파 그렌라간〉에 등장하는 대사이다.

"형은 죽었어…… 하지만 내 등에, 가슴에 하나가 되어 살아가!"

어느 애니메이션의 손발이 오글거리는 대사라는 생각이 든다면 정상이다. 마음속에서 꿈틀거리는 무언가가 느껴진다면 그것도 자연스러운 일이다. 다만 이 질문에 대해서는 곰곰이 생각해보기를 바란다.

'나는 무엇을 남길 수 있을까?'

'나는 누군가의 마음속에서 어떻게 살아갈 것인가?'

세상에서 사라지기 전에 이 질문에 대한 답을 내릴 수 있다면 당신은 진심을 다해 살아온, 의미 있는 흔적을 남길 사람이다.

15장

"저기, 원장님, 조금만 더 주세요."

— 찰스 디킨스, 『올리버 트위스트』[16]

나는 가난에 대해서 이야기하는 것을 싫어한다. 가난한 가정에서 태어났기 때문이 아니라 가난에 대해서 아는 게 없기 때문이다. 부잣집에서 태어난 건 아니지만 몸으로 가난을 체험하고 자란 사람도 아니다. 그렇기에 나는 가난에 대해 이야기할 자격이 없다고 생각한다. '가난은 마음먹기에 달린 거야'라는 말은 언뜻보면 희망적으로 들리고, 가난한 이들에게 건네는 위로처럼 느껴지기도 한다. 하지만 정작 당사자에게 이 말은 서슬 퍼런 낫처럼 날카롭고 잔인하다. 가난이 마음먹기에 달렸다고 말하는 사람들은 정말 현실을 제대로 직시하고 하는 걸까?

　디킨스의 소설 『올리버 트위스트』에 등장하는 주인공 올리버는 불우한 어린 시절을 보낸 가난한 아이다. 가난의 굴레에서 벗어나기 위해 올리버가 할 수 있는 일은 많지 않았다. 그저 부자들의 지갑을 훔치는 일이 전부였다. 올리버의 가난은 개인의 문제가 아니었다. 그것은 사회의 방관이자 구조의 문제였다. 물론 현대의 한국은 올리버가 사는 사회와는 매우 다르다. 여전히 가난에서 벗어나는 일은 쉽지 않지만, 소위 개천에서 용 난다는 표현처럼 자수성가하는 경우도 종종 있기 때문이다. 하지만 가난의 정도나 여부를 차치하고, 우리 모두는 어느 순간 올리버의 위치에 있을 수 있다. 그때 우리는 이런 이야기를 듣는다. '노력하면 된다', '마음먹기에 달렸다'. 세상은 아주 완벽하게 불공평하고 순리대로, 그럴듯하게 돌아가지 않는다. 이런 세상에서 슬픔을 겪고 있는 사람을 위로할 때 나쁜 마음을 가지고 위로를 건네는 이

들은 거의 없다고 생각한다. 다만 현실을 제대로 고려하지 않는 낙관적인 말은 상처를 주는 말에 불과할 때가 많다. 특히 자신의 성공 경험을 바탕으로 조언을 하는 일은 정말 위험하다. 당사자에게는 그저 시간이 조금 더 필요한 문제일 수 있는데, 괜히 자신의 노력과 능력에 대해 더 큰 회의감을 심어주는 계기가 될 수도 있다. 희망이라는 달콤한 말로 개인의 어깨를 무겁게 짓누르고, 노력의 부족을 실패의 명분으로 삼는 사람들이 있다. 그들에게 묻고 싶다. 당신이 그 사람의 지옥을 느껴봤는지 말이다. 생각이 현실을 만든다는 달콤한 말은 모두에게 적용되는 진리가 아닐 수 있다. 우리가 가져야 할 태도는 아름답지는 않지만 정직함을 담은 말을 건넬 용기이다. 사회가 외면한 현실을 직면하고 지금까지 듣지 않기로 한 말들을 건네야 한다. 연대의 언어를 건네야 한다.

미국의 저명한 저널리스트 말콤 글래드웰은 이렇게 말했다. "성공한 사람을 보면 그 뒤엔 언제나 눈에 보이지 않는 시작점의 차이가 있다." 개인에게 부여된 조건은 그가 선택한 것이 아닐 때가 많다. '금수저'와 '흙수저'의 문제뿐만이 아니다. 이런 극단적인 경우를 제외해도 우린 운의 요소에 크게 영향을 받는다. 사실 이 책을 쓰는 나, 그리고 이 책을 보는 독자 모두 큰 행운을 가지고 태어난 사람들이다. 만약 우리가 전투와 분쟁이 잦은 국가에서 태어났다면 글을 쓰고 독서를 하는 사치를 편하게 누릴 수 있었을까? 잔혹한 현실은 때론 인간의 의지와 성실성을 아득히 뛰어넘는다.

그럼에도 우리 사회는 개인에게 필요 이상의 강인함을 요구할 때가 있다. 이미 감당해온 것이 많은 사람들에게 더 큰 강인함을 요구하는 것은 발목을 접질린 선수에게 100미터 달리기를 강요하는 것과 다름없다. 여유가 없는 사람에게 더 큰 열정과 긍정을 강요한다면 그건 폭력에 가깝다. 하루는 유튜브에서 프랑스어 강사로 일하는 정일영 강사의 영상을 본 적이 있다. 문제가 생기거나, 내가 원하는 대로 일이 풀리지 않을 때는 세상 탓을 하라는 그의 말이 꽤나 흥

미묘웠다. 처음에는 그저 부정적인 많은 사람들이 관심을 끌려는 농담이라고 생각했지만, 그의 이야기를 들을수록 생각이 달라졌다. 세상 탓을 한다는 건 그저 무책임하게 나의 실수를 남 탓으로 돌리는 것만을 의미하지는 않는다. 세상 탓, 남 탓이라는 말을 들으면 굉장히 이기적이고 무책임한 느낌이 들지만 세상일은 누구나 알고 있듯이 내 마음대로 돌아가지 않는다. 성공은 70퍼센트의 운과 30퍼센트의 의지로 이루어진다는 운칠기삼이라는 말이 있다. 물론 30퍼센트의 의지를 제대로 발휘해야만 70퍼센트의 운이 효력을 낼 수 있다. 하지만 그 70퍼센트의 운이라는 건 좀처럼 쉽게 찾아오지 않는다. 그렇기에 내가 30퍼센트의 노력을 쏟아부어도 일이 잘 풀리지 않는 경우가 많을 수 있다. 세상 탓을 하라는 건 이런 의미인 것 같다. '70퍼센트의 운이 따르지 않는다고 해서 자책하지 말고 항상 최선을 다해 30퍼센트의 기를 유지하라.'

현재 상황에서 최선을 다하고 있다면 얼마든지 세

상 탓을 해도 좋다. 훌륭한 일을 해내기 위해 외적으로 필요한 조건들이 갖추어지지 않았다면 기다리면 된다. 내 능력을 의심하고 내 노력을 갉아먹기보단 때로는 속 시원하게 세상 탓을 하자. '아, 내가 이렇게 열심히 하는데도 세상은 아직 나를 몰라주는구나'라는 유쾌한 생각으로 무력감을 날려버리자. 긍정의 아이콘으로 유명한 연예인 노홍철은 방송에서 이런 말을 한 적이 있다. "내가 지금 이렇게 행복하게 살 수 있는 이유는 무언가를 처음부터 잘했기 때문이 아니라, 될 때까지 했기 때문이야." 이 말에서도 알 수 있듯이 긍정적인 사고와 나의 능력이 빛을 보기 위해서는 시간과 운이 필요하다. 연예인들의 성공, 스포츠 스타들의 성공, 그리고 우리 모두의 성공은 이렇듯 개인의 힘을 아득히 벗어난 영역에서 이루어진다.

이렇게 말하니 내가 열심히 노력해도 결국 운이 없으면 무엇도 이루어낼 수 없는 거구나, 하는 상실감이 들지도 모른다. 하지만 그렇기에 더더욱 내 힘으로 할 수 있는 일과 내 힘으로 할 수 없는 일을 확실하게 구분하는 것이 중요하다. 항상 어떤 일을 시작할 때는 내 의지로 조절할 수 있는 일에만 신경을 써야 한다. 예를 들어 내가 쓰고 있는 이 책이 수십만 부가 팔릴지, 아님 수십 권이 팔릴지는 나의 의지로 결정되는 것이 아니다. 물론 나의 문장력이 책의 흥망성쇠에 영향을 미치겠지만, 책의 판매는 책의 장르, 출판 시기, 사람들의 관심사, 시대의 흐름에도 크게 영향을 받는다. 서점에 가서 우연히 어떤 책을 집어서 읽게 됐는데 뛰어난 작품성에 놀라고, 그 책이 유명하지 않다는 사실에 두 번 놀란 적이 있는가? 이처럼 어떠한 작품이 베스트셀러의 자리에 오르고 사람들의 기억 속에 오래 남으려면 다양한 외적 조건들이 갖추어져야 한다. 그러나 이렇게 외적 조건들만 탓하며 글을 대충 써서는 안 될 노릇이다. 내 의지로 확실히 해낼 수 있는 일들도 분명 존재한다. 집필에 참고가 될 다양한 책을 읽는 것, 사람들의 관심을 산 유명 에세이들을 분석하는 것 등등이 내가 해낼 수 있는 최선의 일들이다. 이 일들조차 하지 않고 외적 조건들을 탓하는 건 정말 바보 같은 일이다. 하지만 내 의지 안에서 최선을 다했음에도 원하는 결과가 나오지 않는다면, 그때는 나도 세상 탓을 열심히 해볼 생각이다.

마치며

앞서 이야기했듯이 나는 대단한 작가도 철학가도 아니다. 그저 전달자에 불과하다. 스스로 칭찬을 하나 하자면 나름 센스 있는 전달자라고 생각한다. 이번 에세이에서는 평범한 고전 명작들이 아닌, 현대인들에게 어울리는 문장들을 담고 있는 작품 위주로 소개하려고 노력했다. 특히 한국에서 살아가는 현대인들에게 큰 힘이 될 문장들이라고 믿는다. 두꺼운 책에는 힘이 있지만 때로는 그 책을 이루는 문장 하나하나가 더욱 강력한 힘을 발휘할 때도 있다. 그래서 각각의 책에 대해 자세히 설명하지는 않았다. 그저 나의 감상평과 함께 독자들의 마음을 단번에 움직일 수 있는 문장들을 소개하고 싶었다. 만약 당신의 마음을 울린 문장을 발견했다면 그 문장이 담긴 책을 단 한 권만 읽어도 충분하다고 생각한다. 인생을 바꾸는 독서는 양이 아닌 질이 결정하기 때문이다.

물론 이 책을 읽는다고 해서, 이 책에 나오는 책들을 읽는다고 해서 단숨에 성공을 거둘 가능성은 거의 제로에 가깝다. 회사에서 평판이 갑자기 좋아지거나, 인간관계 문제가 한 번에 해결된다든가, 번뜩이는 사업 아이디어가 떠오르는 일도 없을 것이다. 그건 책이 아닌 경험과 시도 그리고 영겁의 시간이 만들어주는 선물이기 때문이다. 글은 하나의 초석이다. 내가 어떤 사람이 될지, 무슨 일을 해야 할지 조용히 귓속말을 해주는 게 글이다. 죽는 한이 있더라도 지키고 싶은 가치를 알려주는 게 책이다. 그것이 글의 예술이다. 이 책을 통해 독자들이 자신만의 삶과 목적을 찾았다면, 혹은 방향의 갈피라도 잡았다면 나에게 있어 그보다 행복한 일은 없다.

 몇 년 전 인사동에서 열린 한 전시회에서 이런 글을 보았다.

 '몰입을 통한 정신적 소강 상태의 찰나.'

 내가 독자들에게 최종적으로 전달하고 싶은 말이다. 소강 상태란 아무것도 존재하지 않는 무無의 상태이다. 정신이 소강되었다는 건 한 가지 일에 극도로 집중한 나머지 모든 잡생각들이 사라졌다는 의미이다. 나만의 인생을 살아갈 때, 진정으로 나답게 살아갈 때 우리는 매순간 몰입하며 살게 된다. 특정 행동에 대한 몰입은 오직 찰나의 소강 상태를 선물한다.

 그렇다면 특정 순간이 아닌 삶 전체에 몰입을 하게 된다면 어떤 일이 일어날까? 나도 아직 이 경지에 도달하지 못했기 때문에 쉽게 정답을 말할 순 없지만, 삶의 매 순간이 잡생각 없는 소강 상태의 순간이라면 그 행복과 만족감은 이루 말할 수 없을 것이다. 인문학이 독자들의 인생에 몰입이라는 선물을 가져다주길 진심으로 바란다.

2025년 9월

남승현

미주

1 프리드리히 니체, 『선악을 넘어서/우상의 황혼/이 사람을 보라』, 강두식 곽복록 옮김, 동서문화사, 2017, 343쪽.
2 애덤 스미스, 『도덕감정론』, 박세일 민경국 옮김, 비봉출판사, 2009, 3쪽.
3 메리 셸리, 『프랑켄슈타인』, 한애경 옮김, 을유문화사, 2013, 140쪽.
4 아르투어 쇼펜하우어, 『쇼펜하우어 철학적 인생론』, 권기철 옮김, 동서문화사, 2016, 22쪽.
5 F. 스콧 피츠제럴드, 『위대한 개츠비』, 김욱동 옮김, 민음사, 2003, 262쪽.
6 빈센트 반 고흐, 『반 고흐, 영혼의 편지』, 신성림 옮김, 위즈덤하우스, 2024, 51쪽.
7 빈센트 반 고흐, 『반 고흐, 영혼의 편지』, 신성림 옮김, 위즈덤하우스, 2024, 51쪽.
8 나쓰메 소세키, 『나는 고양이로소이다』, 송태욱 옮김, 현암사,

2013, 612쪽.

9 시라토리 하루히코, 『니체의 말』, 박재현 옮김, 삼호미디어, 2022, 77쪽에서 재인용.

10 어니스트 헤밍웨이, 『노인과 바다』, 이경식 옮김, 문예출판사, 1979, 108쪽.

11 이 비공식 서문의 글귀는 런던의 BBC 건물 벽면에 쓰여 있다.

12 움베르토 에코, 『제0호』, 이세욱 옮김, 열린책들, 2018, 218쪽.

13 앙투안 드 생텍쥐페리, 『어린 왕자』, 이상희 옮김, 신라출판사, 2002, 128쪽.

14 아쿠타가와 류노스케, 「마죽」, 『라쇼몬』, 서은혜 옮김, 민음사, 2014, 26쪽.

15 미치 앨봄, 『모리와 함께한 화요일』, 공경희 옮김, 살림출판사, 2010, 252쪽.

16 찰스 디킨스, 『올리버 트위스트』, 유수아 옮김, 현대지성, 2020, 35쪽.

그래도 여전히 인문학 인간

초판 1쇄 발행 2025년 9월 29일

지은이 남승현
펴낸이 이수철
주　간 하지순
기　획 전강산
디자인 박예진
영업관리 최후신
콘텐츠개발 전강산, 최진영, 하영주
영상콘텐츠기획 김남규
제　작 서동관
관　리 진호, 황정빈, 전수연

펴낸곳 (주)픽셀앤플로우
출판등록 제2025-000171호
주소 (10449) 경기도 고양시 일산동구 호수로 358-39 동문타워1차 703호
전화 02) 790-6630 팩스 02) 718-5752
전자우편 namubench9@naver.com
인스타그램 @namu_bench

ⓒ 남승현, 2025

ISBN 979-11-993819-8-8 03810

* 나무옆의자는 (주)픽셀앤플로우의 문학 브랜드입니다.
* 이 책의 전부 또는 일부 내용을 재사용하려면
  사전에 저작권자와 출판사 양측의 동의를 받아야 합니다.
* 잘못 만들어진 책은 구입하신 곳에서 바꾸어드립니다.